ORIGAMI
Lampenschirme

Lampen mit Papier
individuell gestaltet

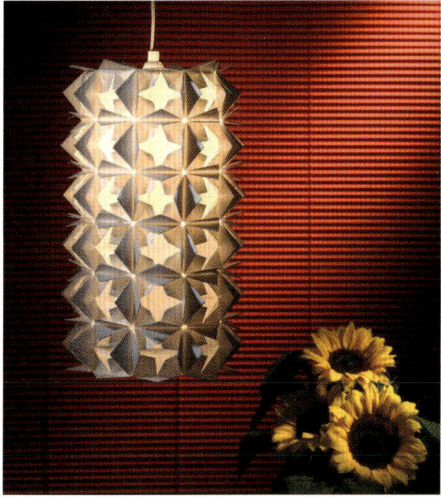

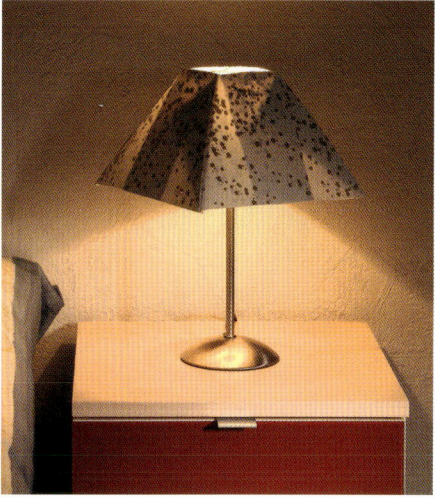

Los geht`s!

Egal ob ein Schirm alt, zerrissen oder verbeult ist; der Schirm einer gekauften Lampe langweilig oder farblos ist; ein Speicherfund wieder zu neuen Ehren kommen soll, oder einfach nur eine Veränderung der Wohnatmosphäre erfolgen soll. Mit diesem Buch ist alles möglich. Ob Nachttischlampe, Tischlampe, Leselampe, Schreibtischlampe, Stehlampe, Deckenlampe, oder eine Wandlampe, alle werden vorgestellt und erklärt.

Manche Modelle können als Deckenlampe, oder als Tischlampe gearbeitet werden. An einigen Lampen wird mit unterschiedlichen Papieren, verschiedenen Papiergrößen und Lampenschirmformen gezeigt, welche Vielfalt an Ideen möglich ist. Somit kann von absoluten Unikaten gesprochen werden.

Am Beispiel der Wabenlampe wird gezeigt, wie mit der gleichen Papiergröße und dem gleichen Lampenschirm, durch unterschiedliche farbige Betonungen, nochmals andere Wirkungen erzielt werden können.

Die Autorin wünscht viel Spaß bei der Herstellung eines neuen Lampenschirmes, für die eigene Wohnung, oder als Geschenk.

Inhaltsverzeichnis

Vorwort, Sicherheitshinweis   2
Origami Zeichen + Symbole   3
Material   4
Hilfsmittel + Arbeitsvorbereitungen   5
Arbeitsvorbereitungen   6
Tütenlicht   8
Lichtrondo   10
Oktogon Lampe   14
Oktogon Tower   18
Etagenlampe   20
Schichten Lampe   26
Prinzessinnen Lampe   30
Architekten Lampe   34
Schattenmotiv Lampe   38
Rauten Lampe   42
Blumige Lampen   48
Konische Lampen   56
Tulpen Licht   62
Patchwork Lampen   64
Skalaren Lampen   70
Waben Lichter   74

Domino Steine   82
Blumen Kreise   86
Tulpen   88
Lilien   90
Quellennachweis   94

Sicherheitshinweis

Papier ist grundsätzlich entflammbar, so daß durch die Wärmestrahlung einer Glühbirne ein Feuer entstehen kann.

Benutzen Sie als Leuchtmittel Energiesparlampen, da diese nur sehr wenig Wärme abstrahlen. Auch LED Lichterketten sind zu empfehlen.

Sorgen Sie stets für genügend Abstand zwischen Papier und Glühbirne.

Origami Zeichen + Symbole

Talfalte

Bergfalte

Falten, wieder öffnen.

Zickzackfaltung

Gegenbruch nach innen

Gegenbruch nach außen

Schwierigkeitsgrad

einfach

mittel

intensiv

Profi

Mitte versenken

So sieht der Faltschritt aus.

Nach außen öffnen.

Bergfalten formen.

Seiten nach unten falten.

Nur Linien im Quadrat falten.

Mitte nach unten drücken, seitlich eindrücken.

Fertig.

Symbole

Gefaltetes Teil nach außen ziehen, siehe nächste Zeichnung.

Um 90° drehen.

Das Modell von vorne ansehen.

Arbeitsschritte auf der Rückseite wiederholen.

Rückseite nach oben legen.

Ansicht der Zeichnung wurde vergrößert.

Eindrücken und glatt falten.

Papier in gleiche Teile einteilen.

Papier nach innen falten.

3D Nächste Zeichnung 3D.

Einschneiden oder abschneiden.

Aufblasen.

Material

Shiramine Washi Papier
Dieses Papier hat zarte weiße
Seidenfasern.

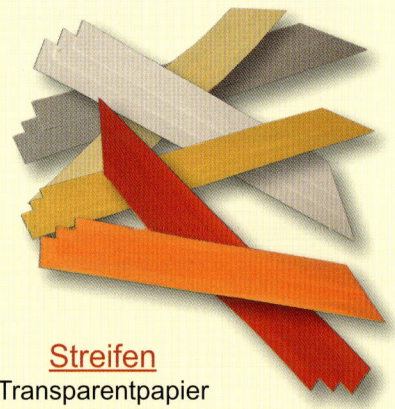

Streifen
Transparentpapier
Strasspapier

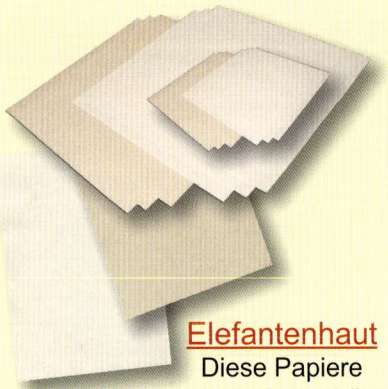

Elefantenhaut
Diese Papiere
haben eine schöne
Maserung.

Papier ist nicht Papier....
Für die im Buch vorgestellten
Lampen ist es wichtig ein gutes,
reißfestes und farbechtes Papier
zu verwenden. Bei jedem Modell
steht eine Papierempfehlung, für
ein optimales Faltergebnis. Die im
Buch abgebildeten Lampen wurden
aus farbigen Transparentpapieren,
sowie flammsicheren
Lampenpapieren, Elefantenhaut,
Strass Papieren und den neuen,
schönen Shiramine Washi
Papieren gefaltet.
(Quellennachweis auf Seite 94)

Lampenpapiere
Diese Papiere sind
flammsicher.

Transparentpapiere
Diese Papier dürfen nicht
stärker als 100g sein.

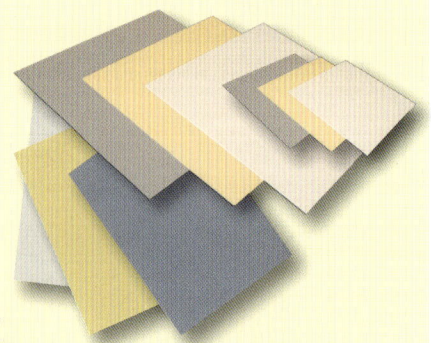

Strasspapiere
Diese Papiere glitzern
auf beiden Seiten.

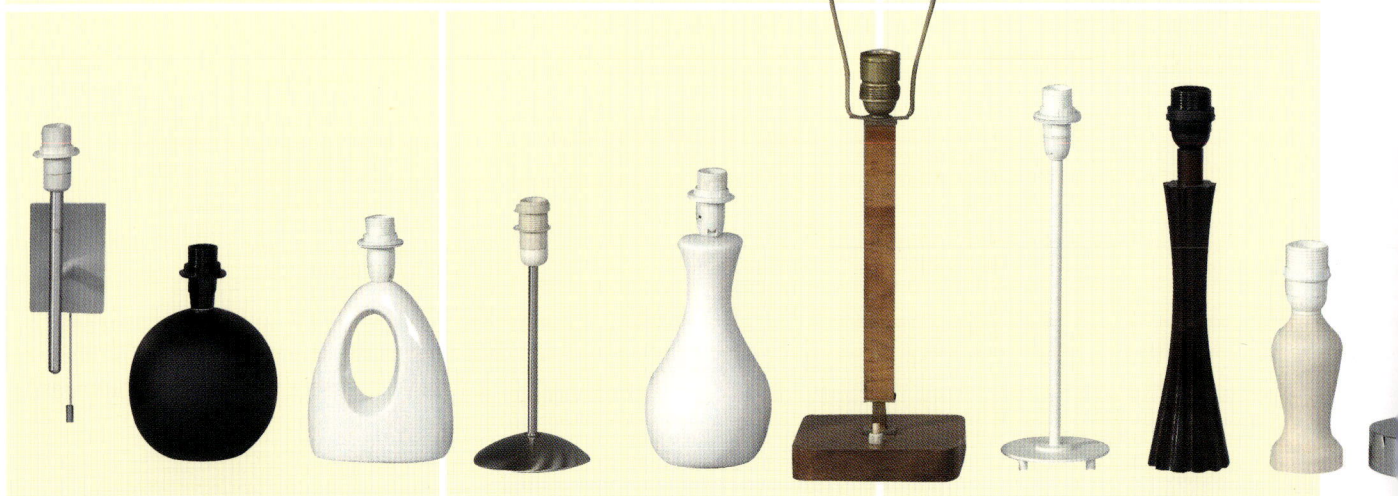

Hilfsmittel + Arbeitsvorbereitungen

Stromkabel + Leuchtmittel

Das hier abgebildete Kabel kann für Deckenlampen verwendet werden. Bezüglich des Leuchtmittels, beachten Sie den Sicherheitshinweis von Seite 2. (Quelle: Seite 94)

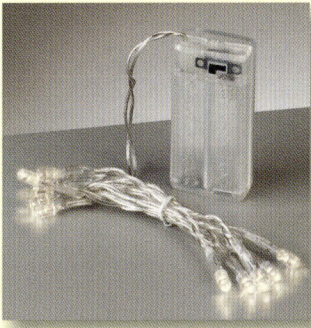

Lichterketten

Die hier abgebildete Kette wurden für einige Modelle verwendet. (Quelle: Seite 94)

Allgemeine Hilfsmittel

Klebstoffe
Schere
Wäscheklammern
Seitenschneider
Lineal

Falzbein

Da die Lampenschirme mit Papier ab 100g hergestellt werden, ist die Benutzung eines Falzbeines ratsam.

Auswahl der Klebstoffe

Für den Erfolg der Arbeit, ist es wichtig den richtigen Kleber zu wählen. Die Papierqualität sollte dabei auch berücksichtigt werden. Es ist zu empfehlen, erst eine Testklebung zu machen, damit später das Werk auch gut gelingt. Hier einige wichtige Punkte:

1.) Wenn zwei Teile ineineinder geschoben werden, die zusätzlich geklebt werden, dann ist ein Flüssigkleber angebracht. Für Transparentpapiere gut geeignet.

2.) Bei vollflächigen Klebestellen ist ein starker Klebestift angebracht.

3.) Wenn in den Fotos ein doppelseitiges Klebeband gezeigt wurde, dann sollte das auch verwendet werden. Doppelseitige Klebebänder gibt es in verschiedenen Klebestärken. Deko Tape hält sehr gut, wenn kein Druck auf der Klebestelle ist. Wenn aber auf der Klebestelle Druck ausgeübt wird, sollte Tacky Tape verwendet werden.

5.) Bei Transparentpapier ist auch darauf zu achten, ob die Klebestelle später zu sehen ist. Kleber kann so angebracht werden, das die Stelle später zur Innenseite des Lampenschirms kommt.

6.) Für die Befestigung am Metallschirm sollte immer das Tacky Tape verwendet werden. Wenn etwas Luft zwischen dem Papier und dem Metall ist, kann auch das Abstandsklebeband zusätzlich verwendet werden. (Quelle: Seite 94)

Klebstoffe

Deko Tape Klebeband
Tacky Tape Klebeband
UHU extra
Abstandsband
starker Klebestift

Lampenschirme

An Metallschirmen stehen verschiedene Formate zur Verfügung. Im Buch wurden runde, rechteckige und quadratische Modelle verwendet. Es stehen natürlich auch einzelne Ringe mit Lampenfassungen, oder nur Lampenfassungen mit Haltestäben zur Verfügung. (Quelle: Seite 94) Bei jedem Modell wurde angegeben, welcher Metallschirm verwendet wurde. Für diesen Schirm wurde dann auch die Papiermenge angegeben. Sollte ein Modell mit einem anderen Metallschirm hergestellt werden, dann muss zunächst ein Einzelteil gefaltet werden, damit die Gesamtmenge berechnet werden kann.

Beispiel:

Wenn mit der Größe 15x15cm der Papierschirm nicht zum Metallschirm passt (zu klein), dann muss mit einer anderen Größe (20x20) gearbeitet werden. Sollte der Papierschirm dann zu groß sein, muss das Papier auf ein kleineres Format (z.B. 17x17) geschnitten werden. Durch ein gefaltetes Einzelteil kann die Papiermenge sehr gut berechnet werden, sowohl für die Höhe, als auch für den Umfang. Das wirklich Wichtige ist der Umfang, hier muss der Papierschirm passen. Bei der Höhe kann das Papier, je nach Modell, auch über den Metallschirm kommen.

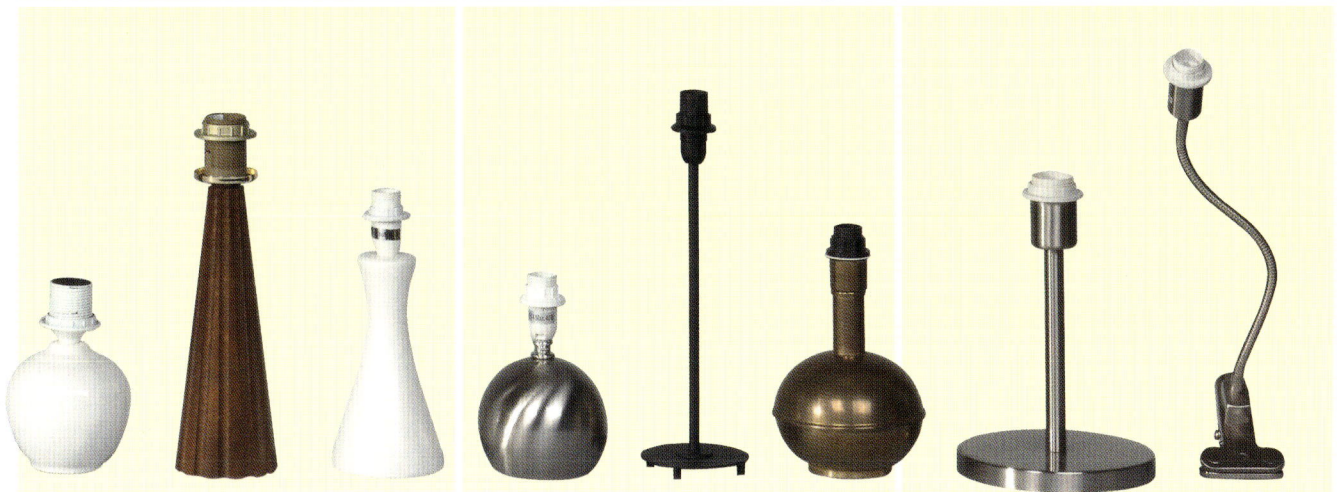

vorher

nachher

vorher

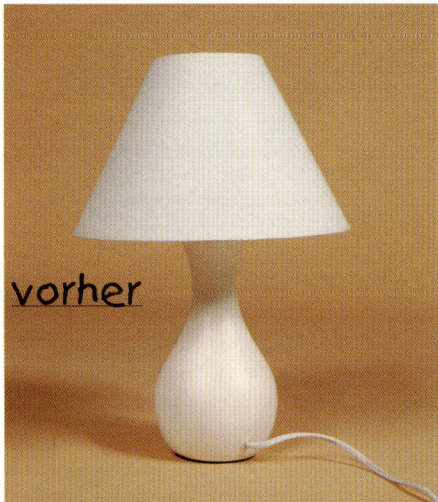

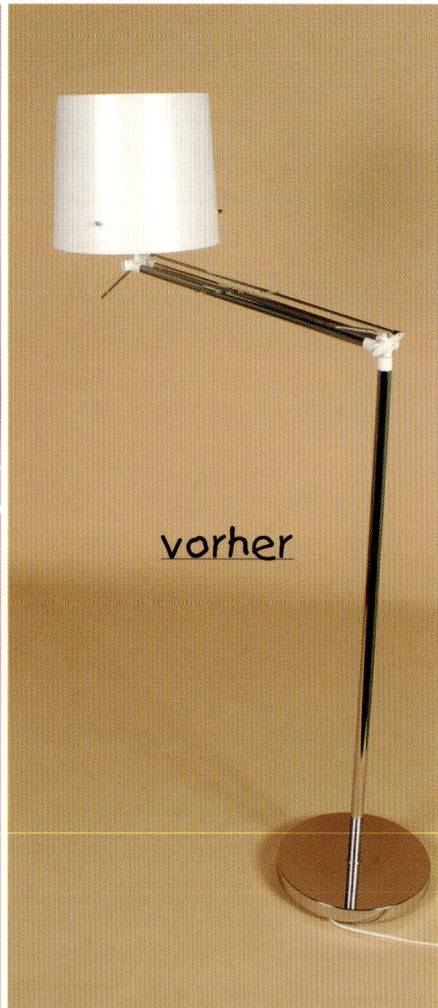

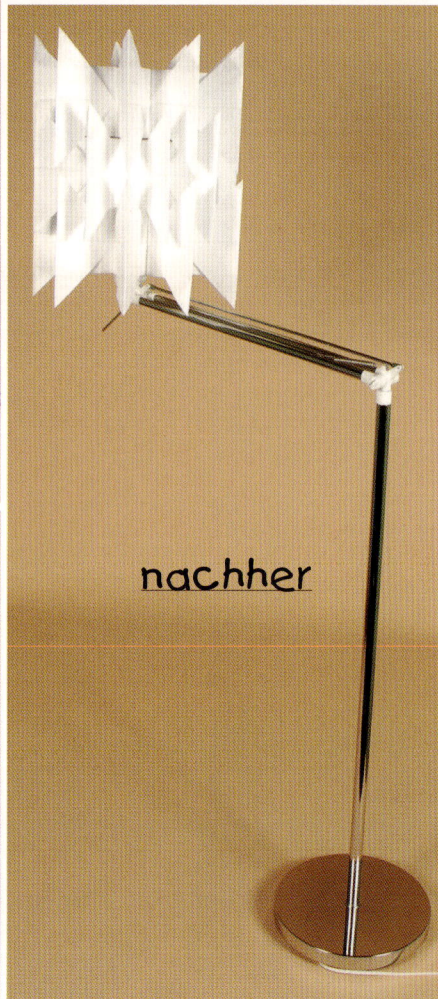

Papierauswahl

1.) Den Lampenfuß wählen.
2.) Auswahl des herzustellenden Modells, auf den Durchmesser der fertigen Lampe achten.
3.) Die Lampenschirmgröße bestimmen.
4.) Die Papiergröße berechnen, hier sollte zunächst ein Einzelteil als Muster gefaltet werden.
5.) Nun kann die Papierqualität und die Farbe, passend zum Ständer, ausgewählt werden.

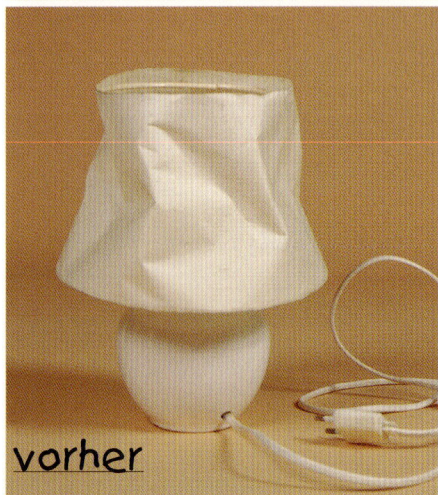

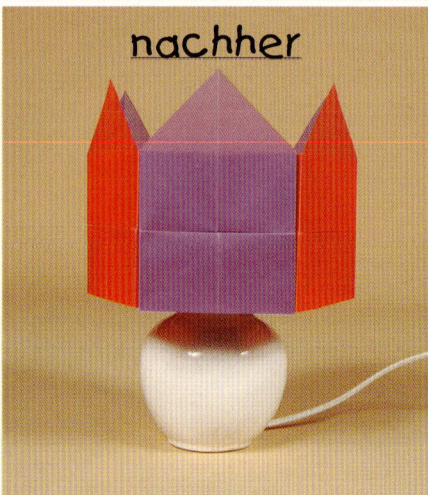

nachher

vorher

nachher

vorher

nachher

(1)

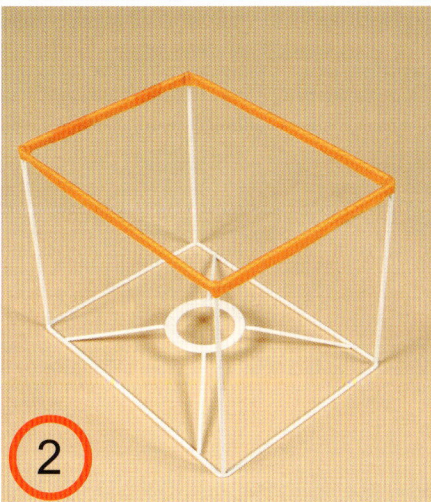

(2)

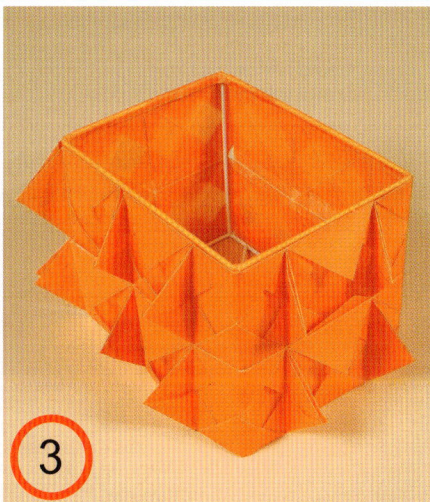

(3)

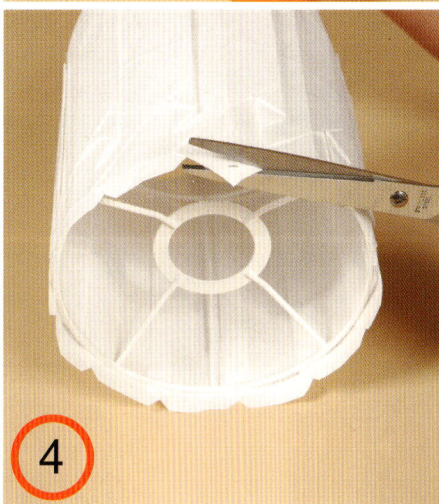

(4)

Bilder Nr. 1 - 3

Wenn ein Modell den Lampenschirm nicht komplett bedeckt, kann zunächst mit dem gleichen Papier ein Streifen um die oberen Stäbe geklebt werden.

Bild Nr. 4

Spitzen an der Markierung abschneiden.

Bild Nr. 5

Doppelseitiges Klebeband an diesen Stellen am Papier auftragen.

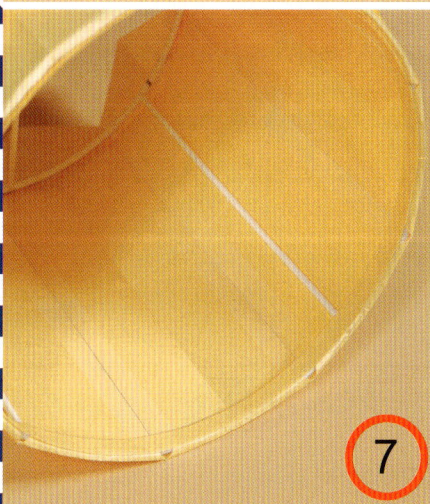

(7)

(5)

Bild Nr. 6

Das Papier nun über den Ring nach innen kleben. Auf der anderen Seite des Rings die Schritte Nr. 4-6 wiederholen. Das Papier kann auch um den Ring nach innen gerollt und geklebt werden.

Bild Nr. 7

Falls es auf der Innenseite nicht so sauber aussieht, wie erwartet, kann noch ein Papierstreifen darüber geklebt werden, siehe Seite 39.

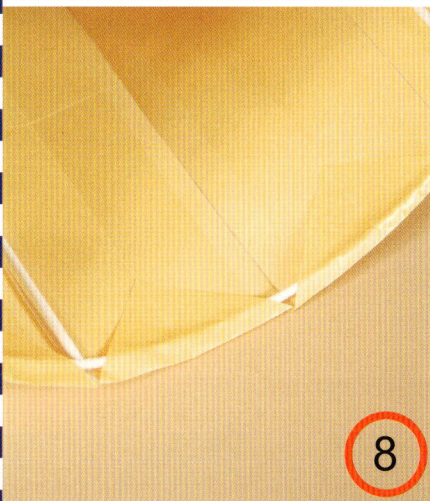

(8)

(6)

Bild Nr. 8

Die Spitzen können auch ohne abschneiden nach innen geklebt werden. Achtung: Diese Vorgehensweise hat Auswirkungen auf die spätere Schattenwirkung.

Bild Nr. 9

Hat das Modell keine Papierlagen, die um den Ring geklebt werden können, wird der Schirm bündig erst am unteren Rand, dann oben geklebt. Dafür ein Klebeband am Papier anbringen.

(9)

4. Fertiges Modell nach links drehen.

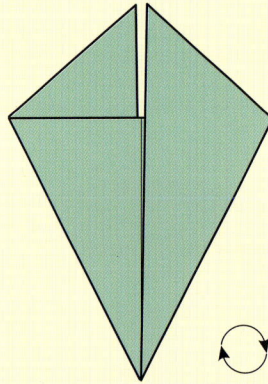

8. Papierlage vom zweiten Teil öffnen, siehe Foto.

1. Linie falten, wieder öffnen.

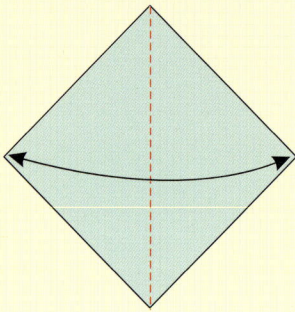

5. Papierlage öffnen, Kleber anbringen, siehe gezeigte Stelle.

9. An der gezeigten Stelle, Kleber anbringen, siehe Foto.

2. Linie falten, liegen lassen.

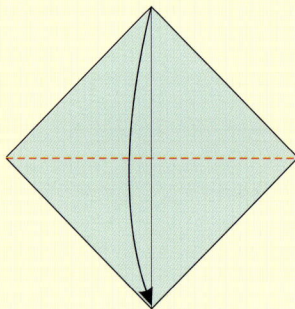

6. Das zweite Teil nun an das erste Teil kleben, siehe Foto.

10. Papierlage von Bild 8 wieder zurücklegen, Klebestelle andrücken. So weiterarbeiten, bis die gewünschten Teile zusammen sind.

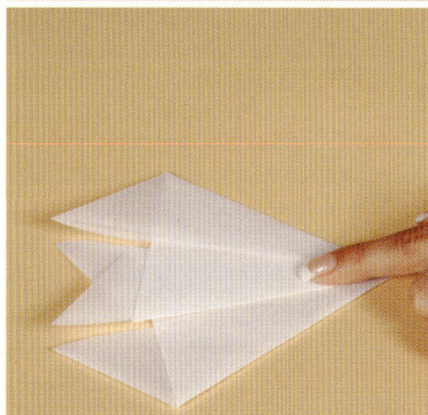

3. Die rechte schräge Linie, siehe Pfeil, an die Mittellinie falten, liegen lassen. Die linke schräge Linie zur Rückseite an die Mittellinie falten, liegen lassen.

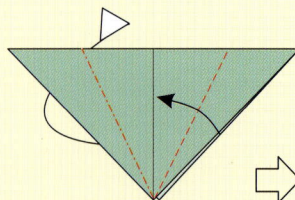

7. An der Klebestelle andrücken.

11. Eine Rundung am Mittelpunkt schneiden, siehe auch Bild 12.

14.
Modell vorher.

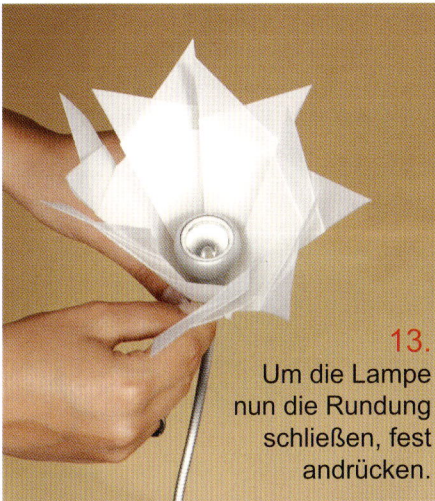

1.
Modell vorher.

12. An der gezeigten
Stelle, Kleber anbringen.

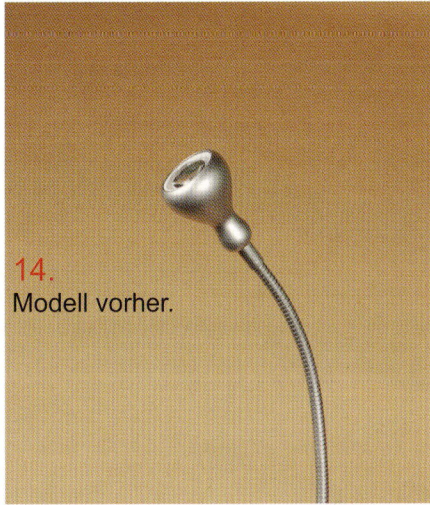

13.
Um die Lampe
nun die Rundung
schließen, fest
andrücken.

15.
Modell nachher.

2.
Modell nachher,
Schritt 11
nicht gearbeitet.

Lichtrondo

1. Linien falten, wieder öffnen.

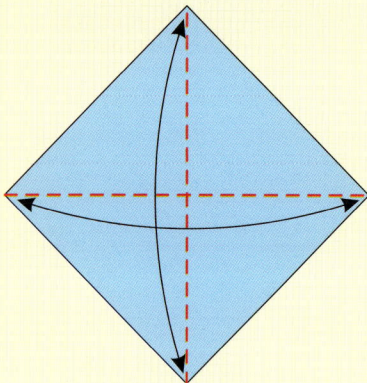

2. Linien falten, wieder öffnen.

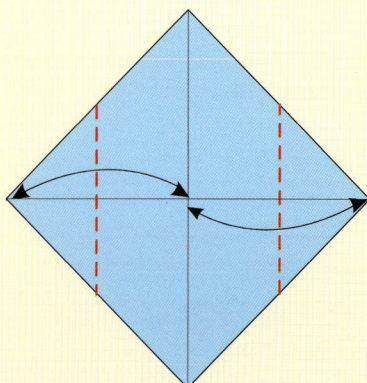

3. Linke Seite falten, wieder öffnen.
Rechte Seite falten, liegen lassen.

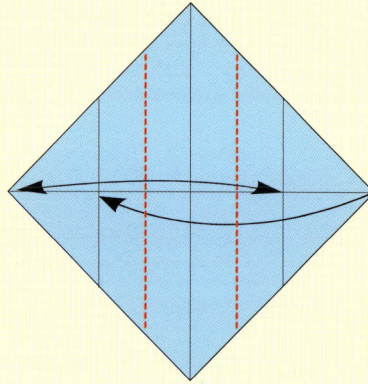

4. Mit der oberen Papierlage
Zickzackfaltung durchführen, liegen
lassen.

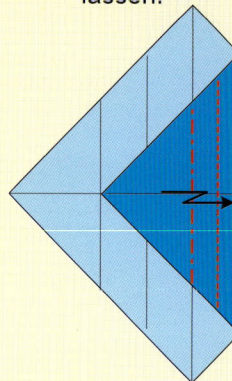

5. Linie falten, wieder öffnen.

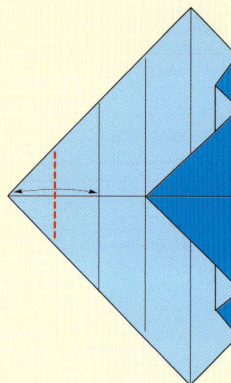

6. Linie falten, liegen lassen.

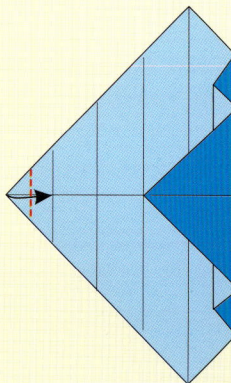

7. Linie falten, liegen lassen.

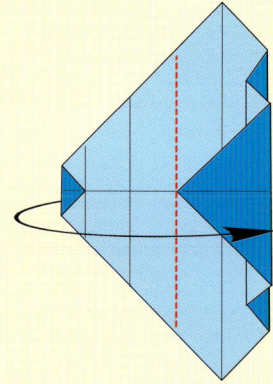

8. Linie nach innen falten.

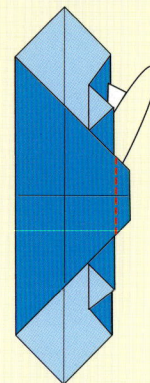

9. Beide Spitzen zur Rückseite
falten, wieder öffnen.

10. Kleber an der Rückseite
der Spitze anbringen.

11. Spitze in die gefaltete Position geklebt.

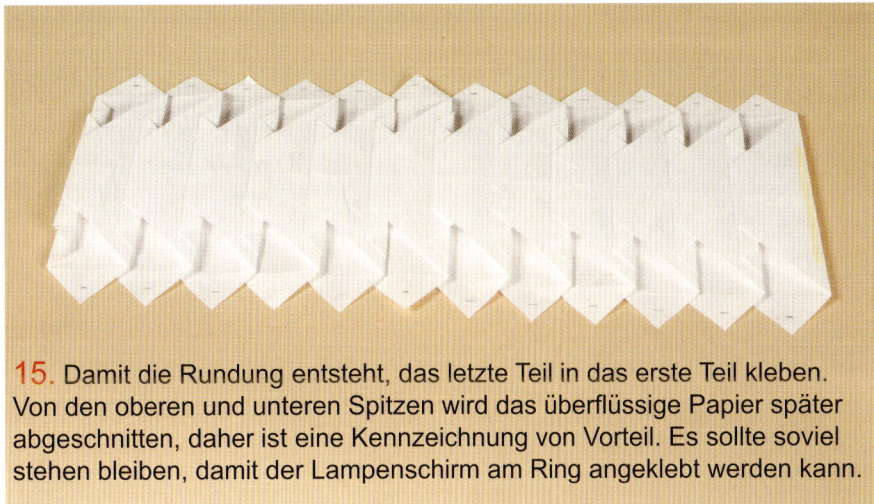

15. Damit die Rundung entsteht, das letzte Teil in das erste Teil kleben. Von den oberen und unteren Spitzen wird das überflüssige Papier später abgeschnitten, daher ist eine Kennzeichnung von Vorteil. Es sollte soviel stehen bleiben, damit der Lampenschirm am Ring angeklebt werden kann.

12. Nur zwischen der Kennzeichnung Kleber anbringen.

16. Klebeband am Papier oben und unten anbringen.

17. Ring an die richtige Position schieben, Schutzband entfernen, kleben.

13. Klebeband ist sehr praktisch.

18. Alle Spitzen an der Kennzeichnung abschneiden.

19. Kleber an den Schnittkanten anbringen.

14. Kante vom ersten Teil anheben, das zweite in das erste Teil kleben, siehe Foto. So weiterarbeiten, bis alle Teile zusammen sind.

20. Das Papier um den Ring nach innen kleben.

21. Fertiger Lampenschirm.

Oktogon Lampe

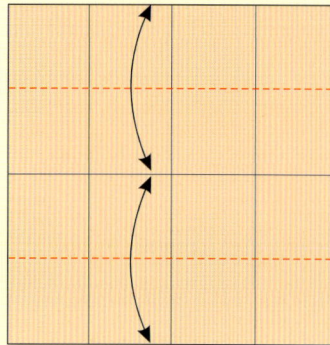

Grundelement

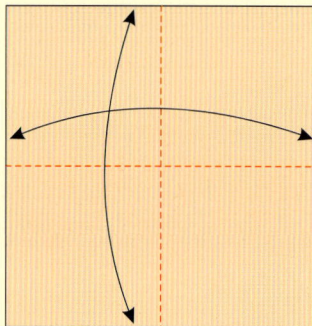

Achtung: Muster nach unten legen.
1. Linien falten, wieder öffnen.

2. Linien falten, wieder öffnen.

3. Linien falten, wieder öffnen.

4. Schräge Linien falten, wieder öffnen.

5. Spitzen an den Ecken formen.

6. Fertiges Grundteil. Es müssen vier Teile so gearbeitet werden.

Verbindungselement

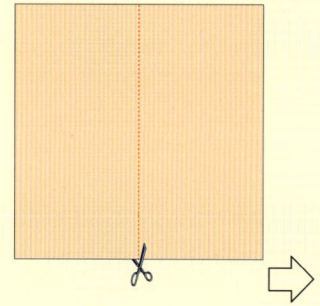

Achtung: Bei dem Verbindungsteil, muss das Muster nach oben liegen.
7. In der Mitte durchschneiden.

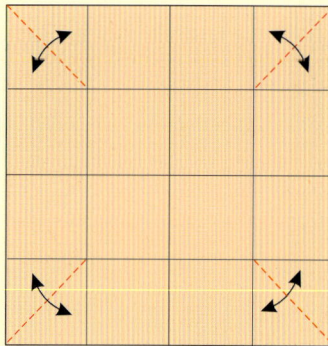

8. Linie falten, wieder öffnen.

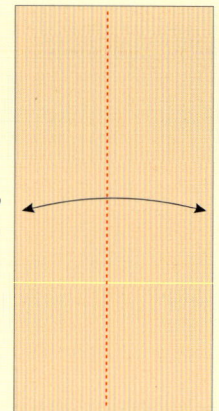

9. Die Mitte markieren.

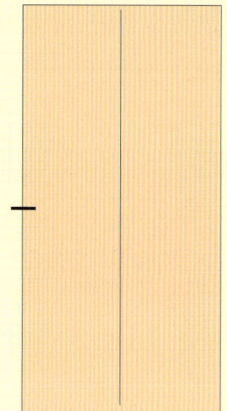

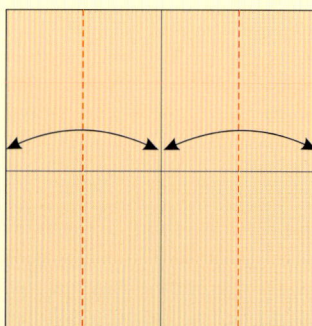

10. Linien falten, liegen lassen.

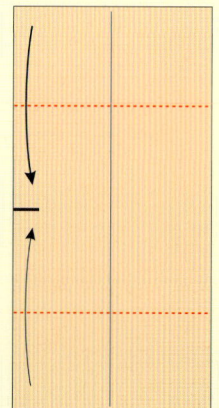

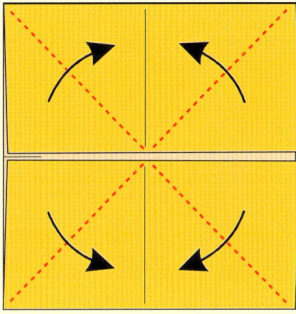

11. Schräge Linien falten, liegen lassen.

15. Auf diesem kleinen Quadrat vollflächig Kleber auftragen.

19. Die Nummer 15-18 an der anderen Seite wiederholen.

12. Eine Seite öffnen und bis zur waagerechten Linie einschneiden.

16. Das Papier am Mittelknick formen, rechtes Dreieck nach links kleben.

20. Fertiges Verbindungsteil. Es müssen 4 Teile so gearbeitet werden.

13. Die linke Spitze an der schrägen Linie abschneiden.

17. Das überstehende Dreieck nach außen kleben.

21. Am Rand des Grundteils bis zu den senkrechten Knicken, vollflächig Kleber auftragen, Schutzpapiere unterlegen.

14. Die Nummer 12+13 an der anderen Seite wiederholen.

18. Von innen nochmals gut andrücken.

22. Ein Verbindungsteil auf diese Stelle setzen und gut andrücken.

Oktogon Lampe

23. Das Verbindungsteil nochmals gut andrücken.

27. Alle Grundelemente mit den Verbindungsteilen verklebt.

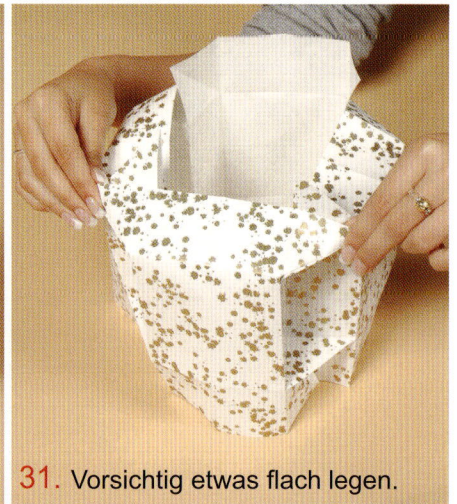

31. Vorsichtig etwas flach legen.

36. Die Spitzen von Nr. 28 in die geklebten Ecken auf beiden Seiten schieben.

24. Ein Verbindungsteil und ein Grundelement verklebt.

28. Zweimal den Rand flachlegen, siehe Foto.

25. Ein weiteres Grundelement mit dem Verbindungsteil verkleben, wie bereits beschrieben.

29. Hier weiterarbeiten.

33. Nochmals gut andrücken.

26. Ein Verbindungsteil mit zwei Grundelementen verklebt.

30. An der gezeigten Stelle, siehe Foto, auf beiden Enden Kleber auftragen.

34. Mit diesem Teil, die Schritte Nr. 30-31 wiederholen.

35. Fertig, Modell umdrehen.

36. Die Schritte Nr. 27-35 wiederholen.

37. Fertiges Modell.

38. Die Stäbe an die Lampengröße, an allen Seiten, anpassen.

39. Stäbe zwischen die Papierlagen in den Ecken schieben.

Oktogon Tower

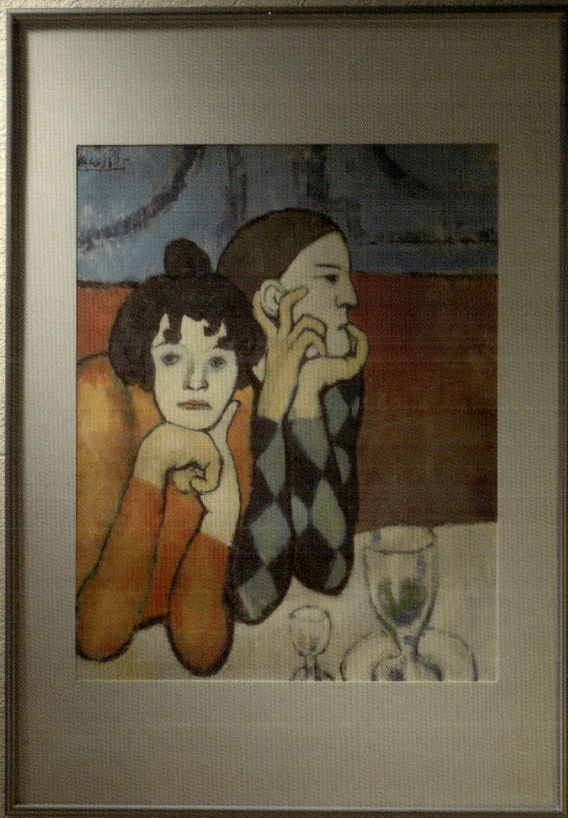

Etagenlampe

4. An dieser Spitze beide Seiten mit Kleber versehen.

Etagenverbindung

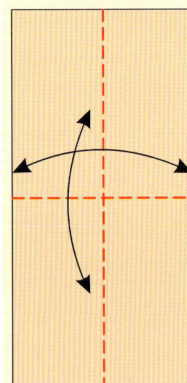

8. Linien falten, wieder öffnen.

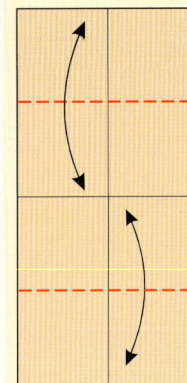

Grundelement

1. Beginn Seite 14, zunächst von Nr. 8-11 falten. Jetzt Spitzen nach außen legen.

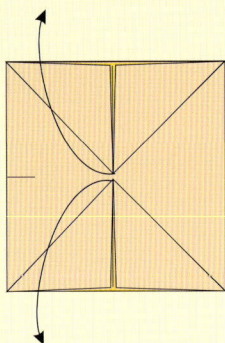

5. Das zweite Teil so über die Klebestelle schieben.

9. Linien falten, wieder öffnen.

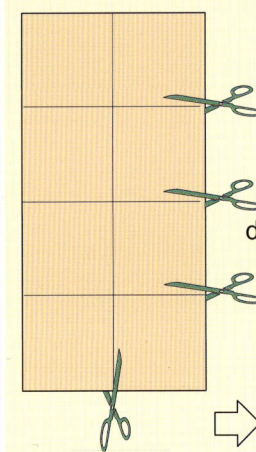

2. Schräge Linien falten, wieder öffnen.

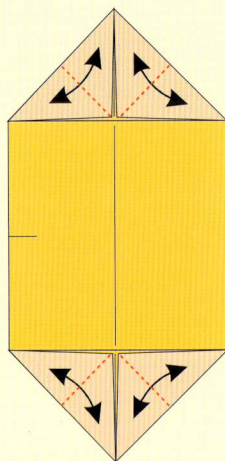

6. Klebestelle fest andrücken und mit einer Büroklammer fixieren.

10. An allen Linien durchschneiden.

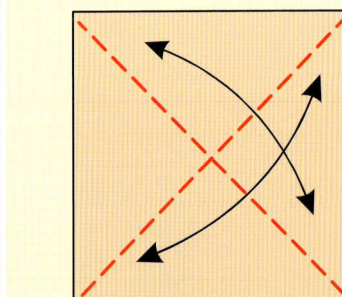

3. Beide Spitzen formen.

7. Wenn 4 Teile verbunden sind, ist eine Etage fertig.

11. Mit 4 Blättern für die Verbindung weiter arbeiten. Linien falten, wieder öffnen.

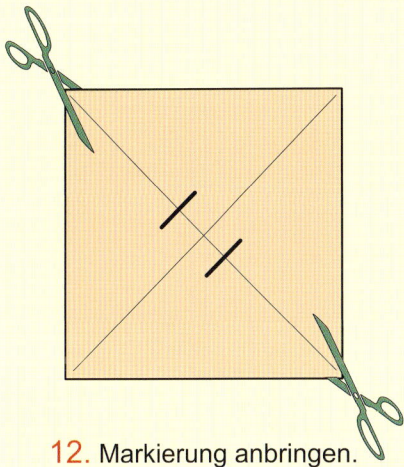

12. Markierung anbringen.

16. An allen 4 Ecken sind Verbindungen geklebt.

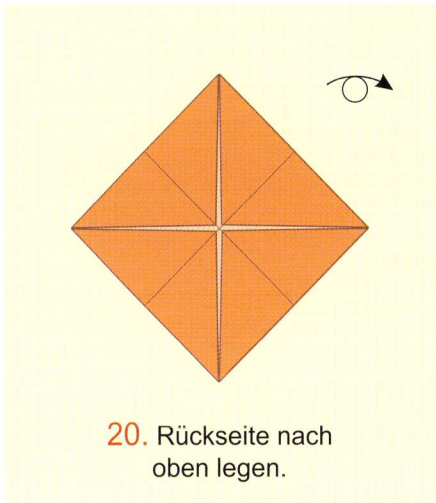

20. Rückseite nach oben legen.

13. Bis zur Markierung an beiden Seiten einschneiden.

17. Zwei Etagen mit Verbindungen.

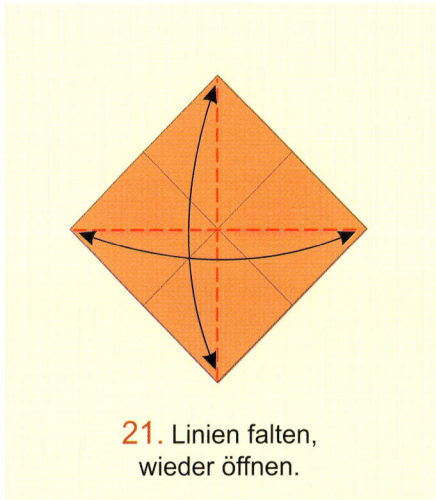

21. Linien falten, wieder öffnen.

Blumen

14. Beide Spitzen an einer Seite mit Kleber versehen.

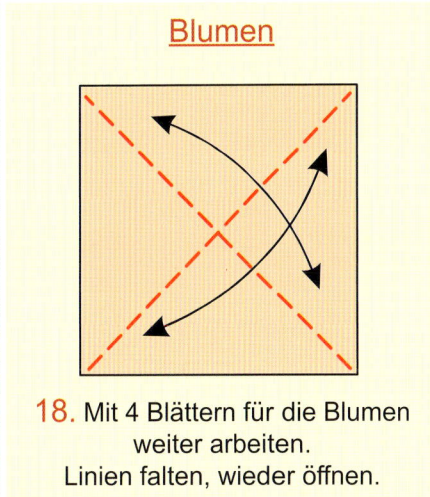

18. Mit 4 Blättern für die Blumen weiter arbeiten.
Linien falten, wieder öffnen.

22. Modell formen.

15. Zwischen die Papierlagen schieben und kleben.

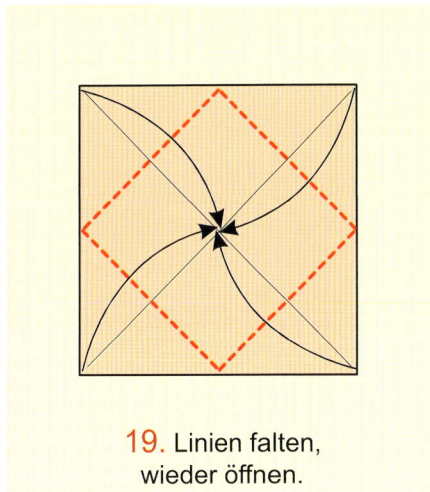

19. Linien falten, wieder öffnen.

23. Rückseite nach oben legen.
In der Mitte etwas Klebstoff anbringen.

24. Etagenverbindung mit geklebter Blume.

25. Die Stäbe an die Lampengröße an allen Seiten anpassen.

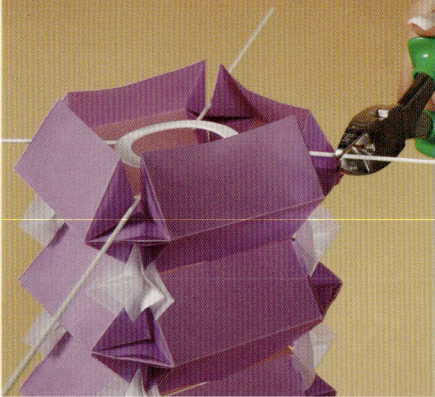

26. Stäbe zwischen die Papierlagen in den Ecken schieben.

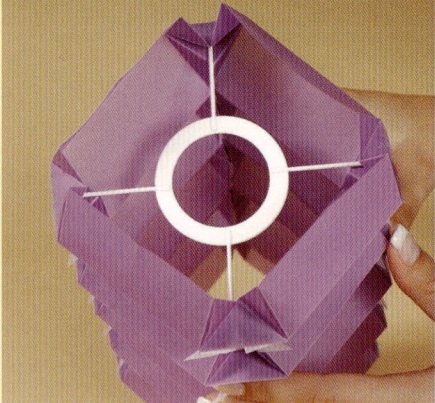

27. Etagenzahl nach Wunsch anfertigen.

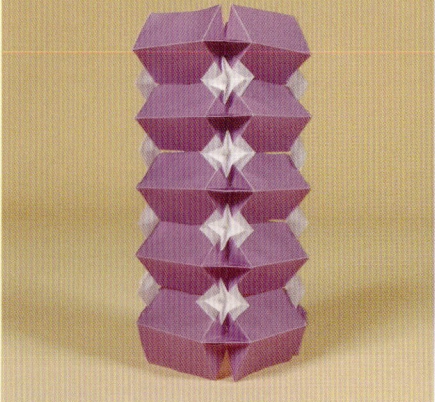

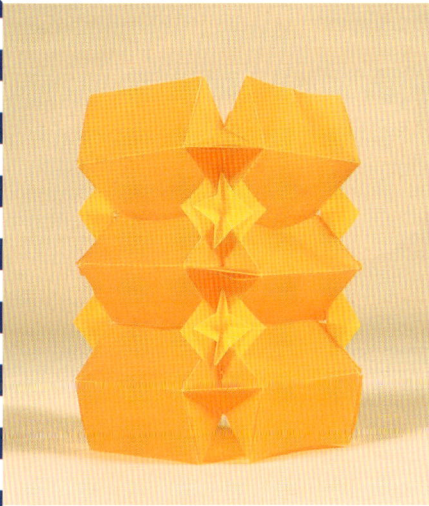

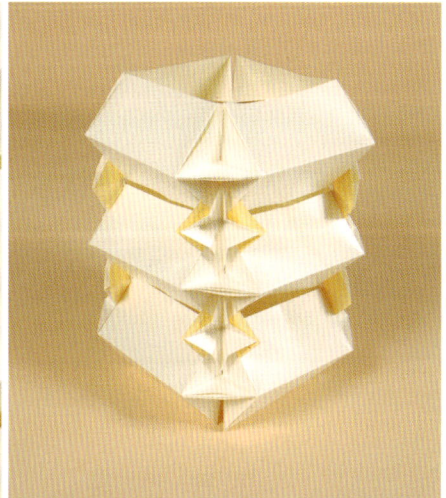

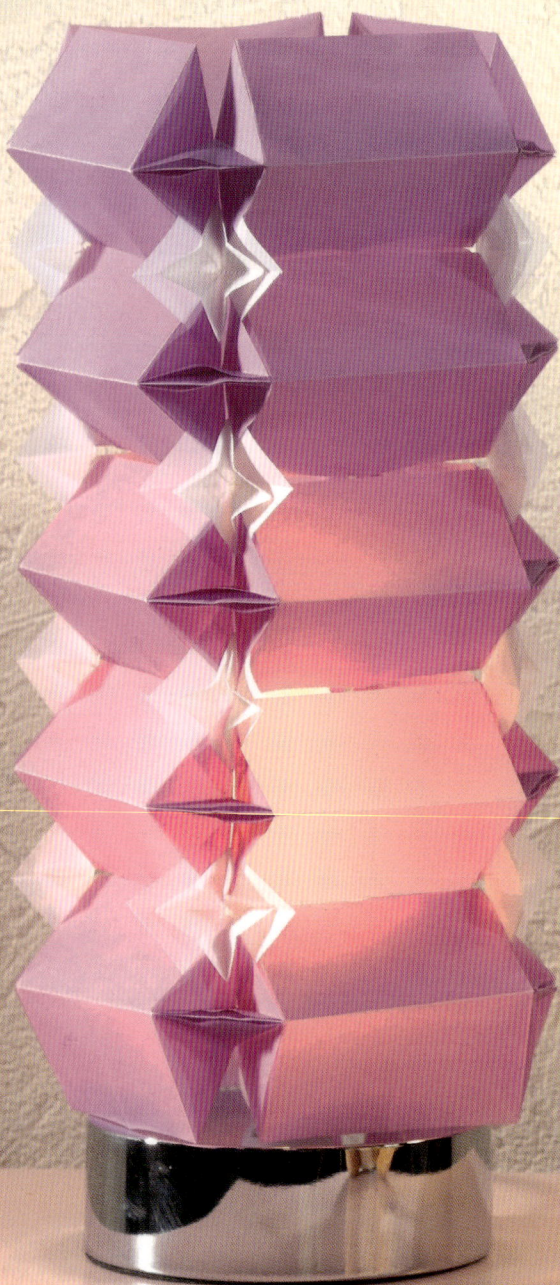

Schichten Lampe

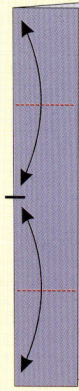

4. Linie falten,
wieder öffnen.

8. Umgeformtes
Grundelement an der rechten Seite.

Grundelement

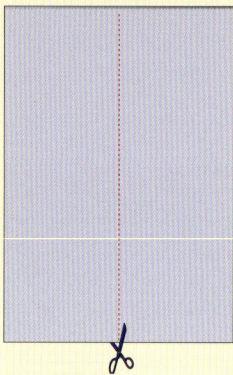

1. Papier in
der Mitte durch-
schneiden.

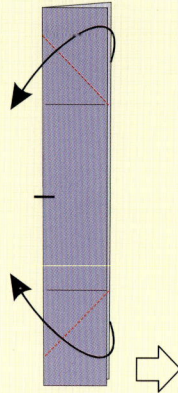

5. Schräge
Linien falten,
liegen lassen.

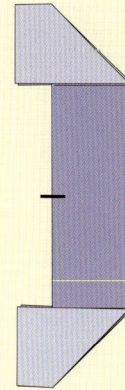

9. Beide Seiten
umformen.

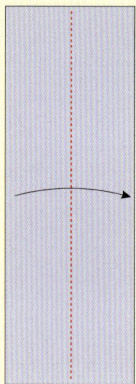

2. Linie falten,
liegen lassen.

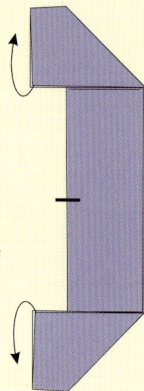

6. Obere
Papierlage
umformen.

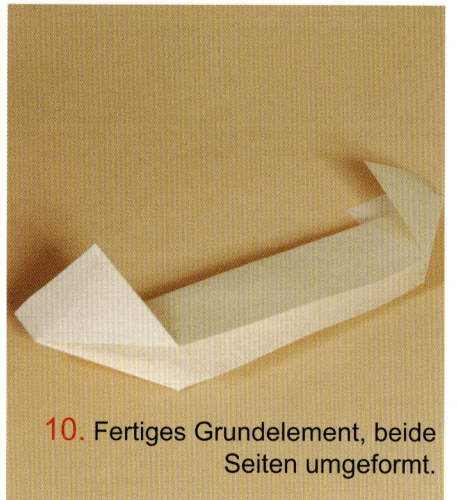

10. Fertiges Grundelement, beide
Seiten umgeformt.

3. Die Mitte
markieren.

7. Zum Umformen öffnen, untere
Lage nach hinten drehen.

Verbindungselement

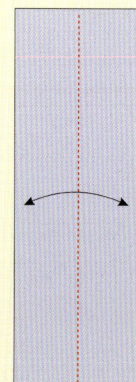

11. Linie falten,
wieder öffnen.

12. Papier in der Mitte durchschneiden.

16. Auf diesen 2cm nun Klebstoff anbringen.

20. Am Beginn und am Ende wieder zurücklegen.

13. Fertiges Verbindungs-element.

17. Ein Grundelement und ein Verbindungselement zusammen geklebt.

21. Auf der schrägen Linie jeweils abschneiden.

14. Verbindungselemente werden mit den Grundelementen zusammen geklebt.

18. Zwei Grundelemente und ein Verbindungselement zusammen geklebt.

22. Die Spitzen jeweils in die Ecken schieben

15. Für die Klebestelle 2cm auf der Innenseite anzeichnen.

19. So weiterarbeiten, bis die gewünschte Menge erreicht ist.

23. Mit einem unsichtbarem Klebestreifen, an allen Seiten, Papier an den Lampenschirm kleben.

24. Damit es nicht so aussieht, müssen die Lagen noch um die senkrechten Stäbe festgeklebt werden.

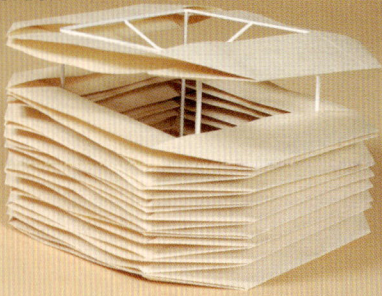

25. Hier ist an einem Beispiel zu sehen, wie die Lagen nochmals mit einem Klebestreifen verklebt werden müssen.

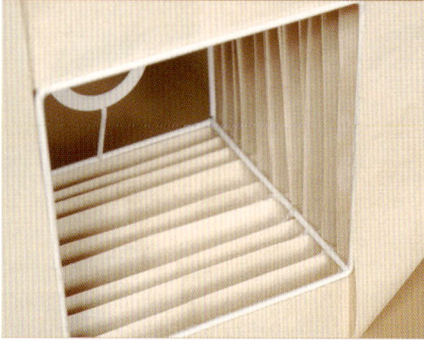

26. Fertiges quadratisches Modell.

MATERIAL

Für die Tischlampe unten wurden 40 Blätter A4 Papier, Elefantenhaut Beige, verarbeitet.

Der Lampenschirm hat die Höhe von 30 cm, Länge und Breite von 15 cm.

Die fertige Lampe misst 25x25 cm und hat eine Höhe von 30 cm.

Vor dem Beginn immer die Arbeitsvorbereitungen (S. 5-7) lesen.

Verbindungselement

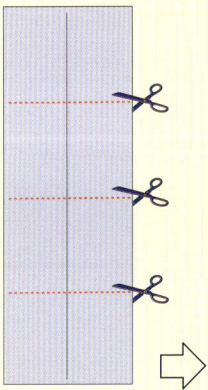

1. Die Mitte falten, dann von oben und unten jeweils zur Mitte falten. Auf diesen Linien dann durchschneiden.

2. Fertiges Verbindungselement.

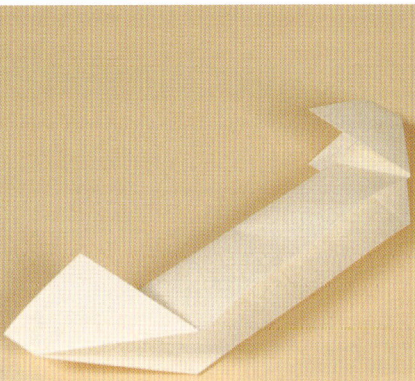

3. Verbindungselemente werden mit den Grundelementen zusammen geklebt.

4. Grundelement falten wie auf Seite 26 von Nr. 1-10 beschrieben.

5. Für die Klebestelle 1cm auf der Innenseite anzeichnen.

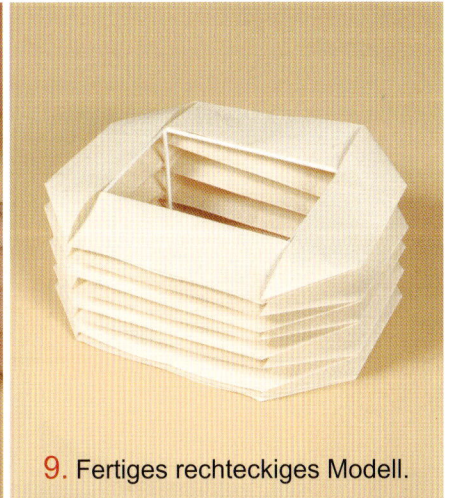

6. Auf diesen 1cm nun Klebstoff anbringen.

7. Ein Grundelement und ein Verbindungselement zusammen geklebt.

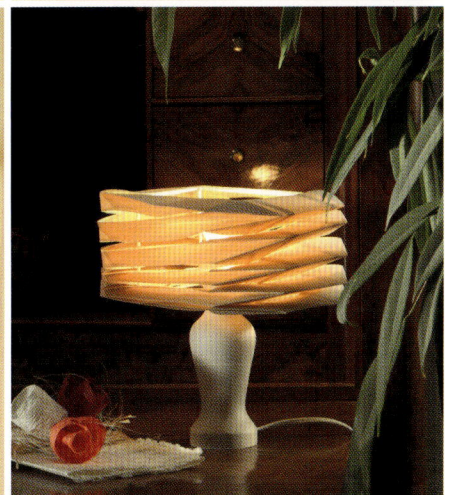

8. So weiterarbeiten, bis die gewünschte Menge erreicht ist.

9. Fertiges rechteckiges Modell.

Prinzessinnen Lampe

4. Linie falten, liegen lassen.

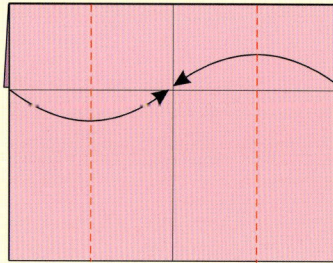

8. Schräge Linie zur Rückseite falten, liegen lassen.

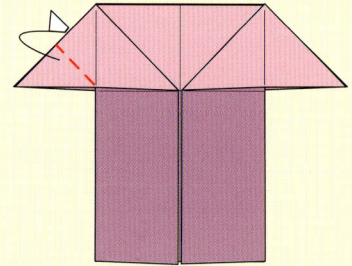

1. Linien falten, wieder öffnen.

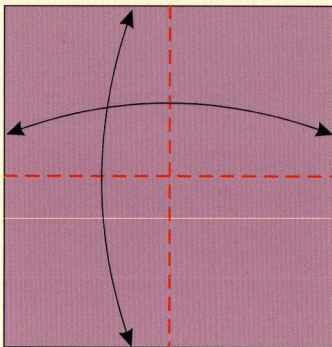

5. Schräge Linien falten, wieder öffnen.

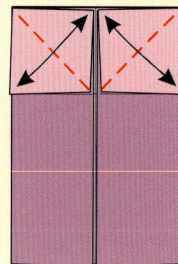

9. Senkrechte Linie zur Rückseite falten, wieder öffnen.

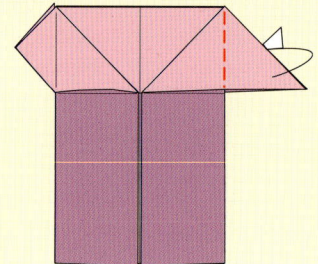

2. Linie falten, liegen lassen.

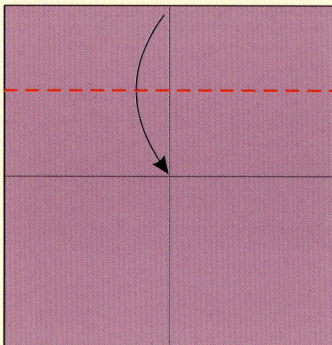

6. Die oberen Papierlagen, an den schrägen Linien nach außen legen.

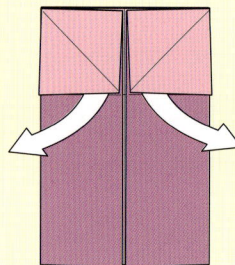

10. Die Linie von Nr. 9 nun im Gegenbruch nach innen legen.

3. Rückseite nach oben legen.

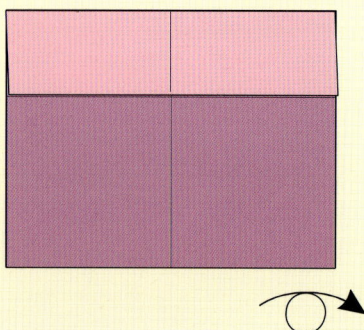

7. So sollte das Modell aussehen.

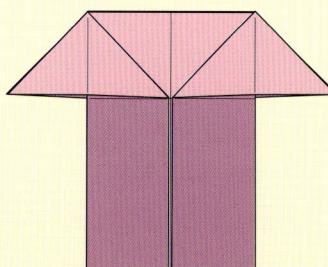

11. Fertiges Einzelteil.

12. An dieser Stelle die Papierlagen zusammen kleben.

16. Schirm einsetzen und unten festkleben, danach oben kleben.

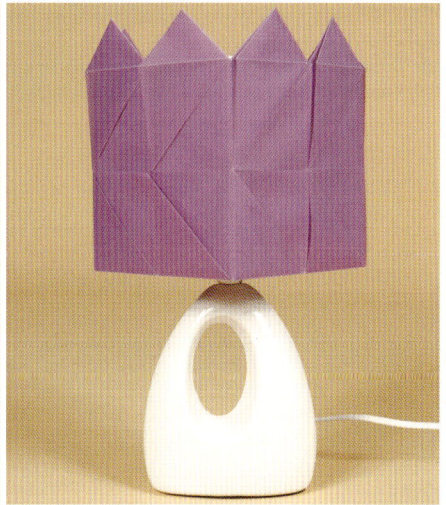

13. Die Spitzen zusammen kleben.

14. Die Einzelteile so ineinander schieben.

15. Alle gewünschten Einzelteile sind zusammen.

Prinzessinnen Lampe

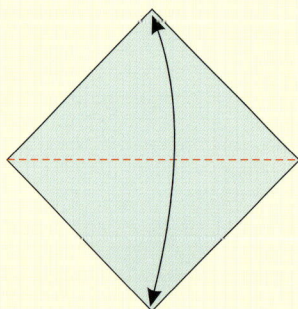

1. Das Einlageblatt einmal
falten, wieder öffnen.

2. An dieser Stelle Kleber
anbringen.

3. In das obere Dreieck einkleben.

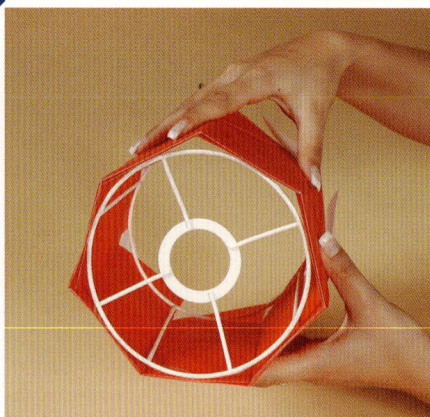

4. Eingeklebter Lampenschirm.

5. Fertiges Modell.

1. Die Einzelteile im Wechsel
Rot-Gelb-Rot usw. ineinander
schieben, wie auf Seite 31, Bild 14,
gezeigt. Für die Lampe müssen 2
solche Ebenen hergestellt werden.

2. Die zweite Ebene über die
Spitzen der ersten
Ebene schieben,
festkleben.

3. Fertiges Modell.

Architekten Lampe

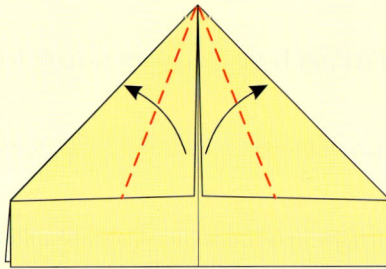

4. Nur mit der oberen Papierlage
schräge Linien falten, liegen lassen.

8. Die gezeigten vier Linien jeweils
im Gegenbruch umformen.

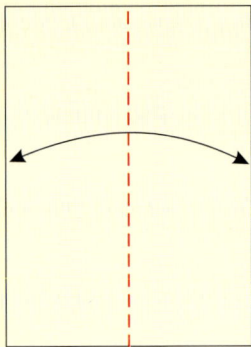

1. Linien falten, wieder öffnen.

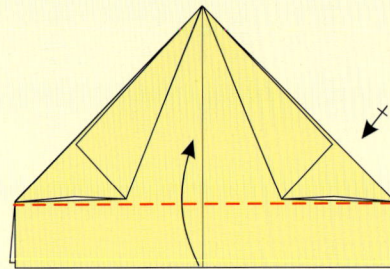

5. Nur mit der oberen Papierlage
Linie falten, liegen lassen. Auf der
Rückseite wiederholen.

9. Fertiges umgeformtes Einzelteil.

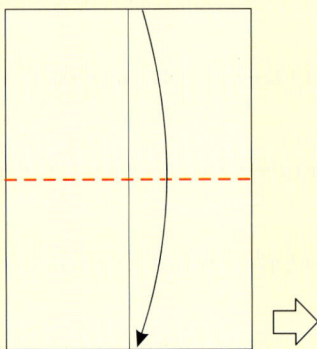

2. Linie falten, liegen lassen.

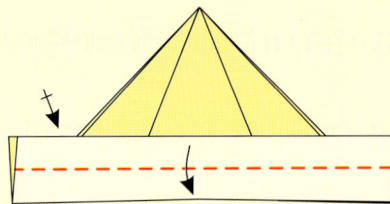

6. Nur mit der oberen Papierlage
Linie falten, liegen lassen. Auf der
Rückseite wiederholen.

10. Bis zur gefalteten Linie Kleber
auftragen. Beide Seiten verbinden.

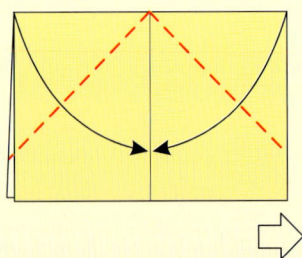

3. Schräge Linien falten,
liegen lassen.

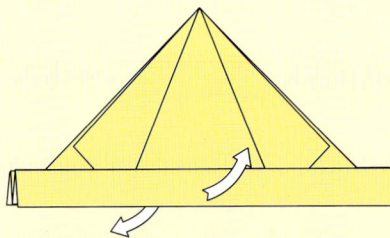

7. Die Papierlagen auf beiden
Seiten nach außen öffnen.

11. Absichern bis die gewünschte
Zahl verbunden ist.

12. Klebeband am Ring anbringen, mit Klammern absichern, da die Verbindung nur Punktweise entsteht.

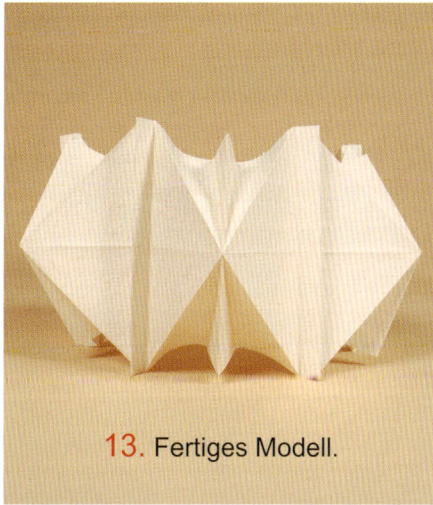

13. Fertiges Modell.

Für diese Tischlampe wurden
7 Blätter A4 Papier,
Elefantenhaut Beige, verarbeitet.

Der Lampenschirm hat die
Höhe und einen
Durchmesser von 25 cm.

Die fertige Lampe hat einen
Durchmesser von 30 cm
und eine Höhe von 25 cm.

Vor dem Beginn immer die Arbeitsvorbereitungen (S. 5-7) lesen.

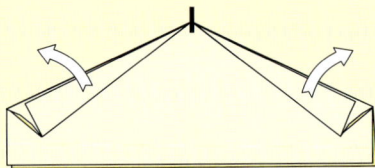

4. Die Papierlagen auf beiden
Seiten wieder nach oben legen.

8. Die gezeigten vier Linien jeweils
im Gegenbruch umformen.

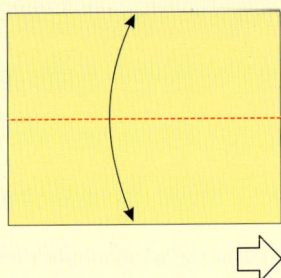

1. Linie falten, liegen lassen.

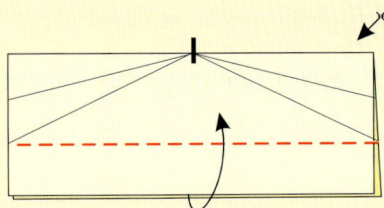

5. Nur mit der oberen Papierlage
Linie falten, liegen lassen. Auf der
Rückseite wiederholen.

9. Fertiges umgeformtes
Einzelteil.

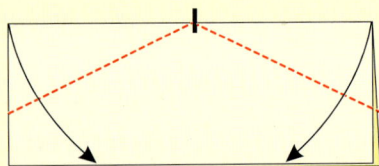

2. Mitte markieren, schräge Linien
falten, liegen lassen.

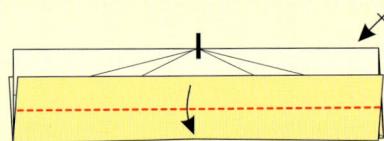

6. Nur mit der oberen Papierlage
Linie falten, liegen lassen. Auf der
Rückseite wiederholen.

10. Bis zur gefalteten Linie Kleber
auftragen. Beide Seiten verbinden.

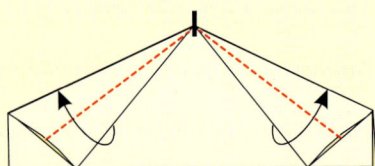

3. Nur mit der oberen Papierlage
schräge Linien falten, liegen lassen.

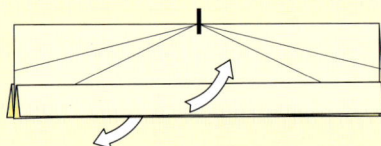

7. Die Papierlagen auf beiden
Seiten nach außen öffnen.

11. Absichern bis die gewünschte
Zahl verbunden ist.

12. Klebeband am Ring anbringen.

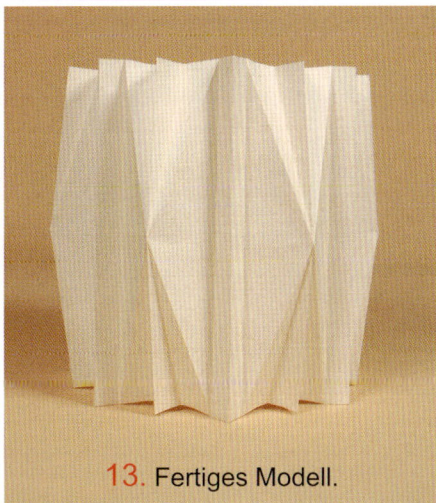

13. Fertiges Modell.

Schattenmotiv Lampe

1. Linien falten, wieder öffnen.

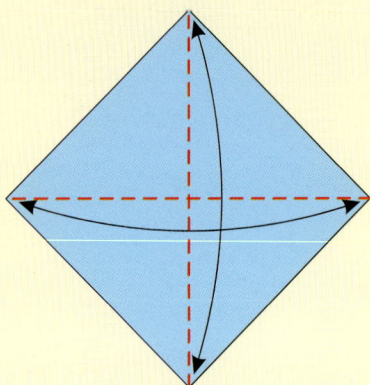

2. Linie falten, liegen lassen.

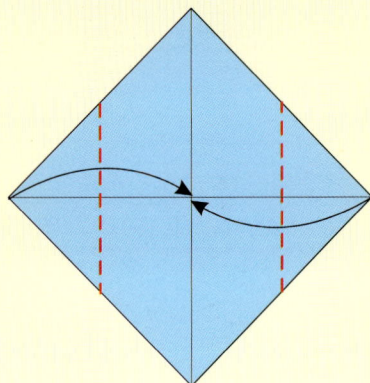

3. Rückseite nach oben legen.

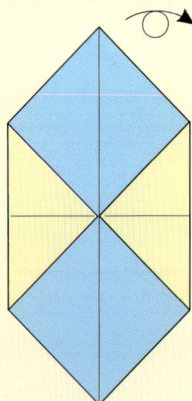

4. Linie falten, dabei die unteren Spitzen nach außen ziehen, liegen lassen.

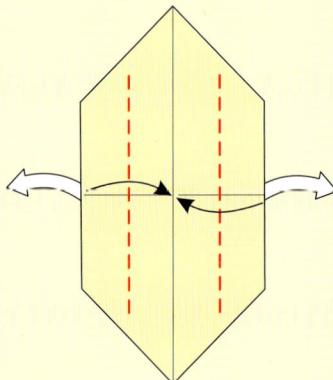

5. Linie falten, liegen lassen.

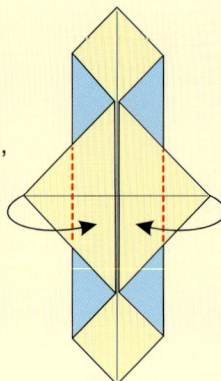

6. Fertig gefaltetes Einzelteil.

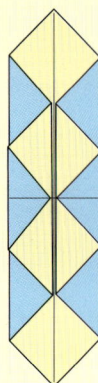

7. Linie zur Rückseite falten, wieder öffnen.

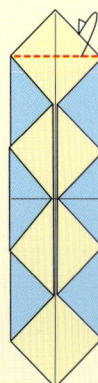

8. Zwei Einzelteile nebeneinander legen.

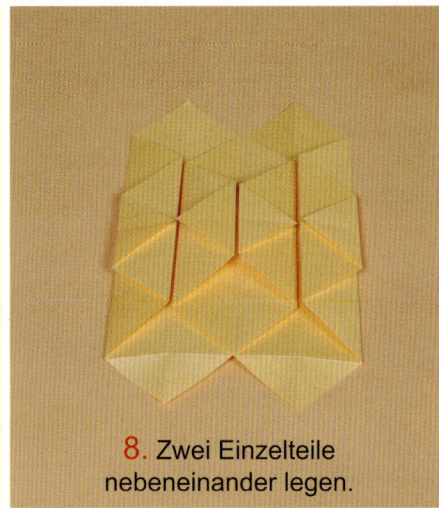

9. Öffnen, in der Mitte doppelseitiges Klebeband anbringen.

10. Zurücklegen und kleben.

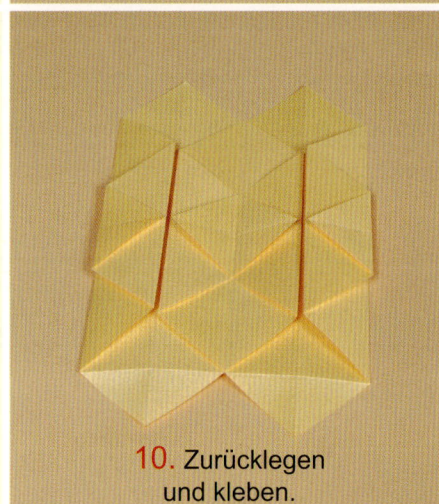

11. Rückseite nach oben legen, beide Teile mit einem unsichtbarem Klebeband verbinden.

12. Die erforderliche Stückzahl arbeiten und dann den Rand am Schirm befestigen wie auf Seite 11 beschrieben.

13. Sollte der Abschluß nicht gut aussehen, kann auch ein Papierstreifen geklebt werden.

14. Sehr sauberer Abschluß.

15. Alternativ können die Spitzen nach innen geklebt werden. Dadurch entstehen andere Schatten, wenn die Lampe beleuchtet ist.

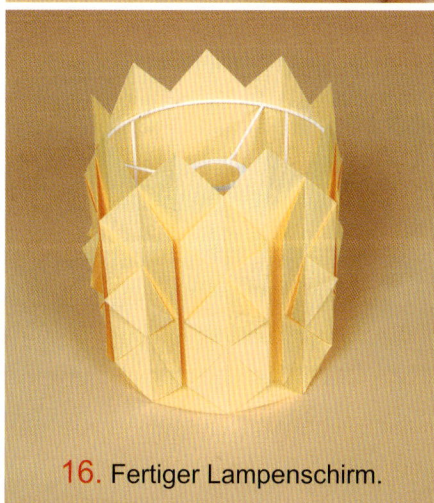

16. Fertiger Lampenschirm.

MATERIAL

Für die Variante der Tischlampe wurden auch 9 Blätter Strasspapier Gold, in der Größe 20x20 cm, verarbeitet.

Der Lampenschirm hat die Höhe und den Durchmesser von 20 cm.

Die gleichen Maße hat dann auch die fertige Lampe.

Vor dem Beginn immer die Arbeitsvorbereitungen (S. 5-7) lesen.

1. Linkes Teil öffnen und in der Mitte Klebestreifen anbringen, kleben. Mit dem rechten Teil wiederholen.

2. Kleine Spitzen öffnen und jeweils Klebestreiben anbringen. Mit dem linken Teil wiederholen.

3. Auf der Rückseite kleben, wie bei Nr. 11 beschrieben.

4. Weiterarbeiten wie bei Version I beschrieben, fertiger Lampenschirm Version II.

Rauten Lampe

MATERIAL

Für diese Tischlampe wurden 18 Blätter Transparentpapier Orange, in der Größe 15x15 cm, verarbeitet.

Der Lampenschirm hat eine Höhe von 15 cm, Länge 20 cm und eine Breite von 15 cm.

Die gleichen Maße hat dann auch die fertige Lampe.

Vor dem Beginn immer die Arbeitsvorbereitungen (S. 5-7) lesen.

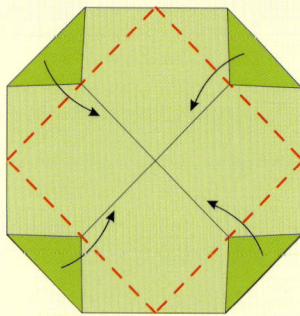

4. Linien falten, liegen lassen.

8. Auf ein Dreieck Kleber anbringen.

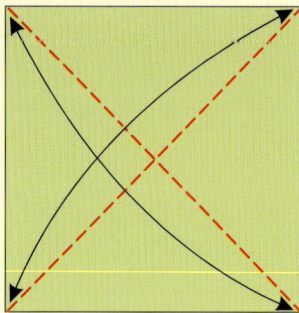

1. Linien falten, wieder öffnen.

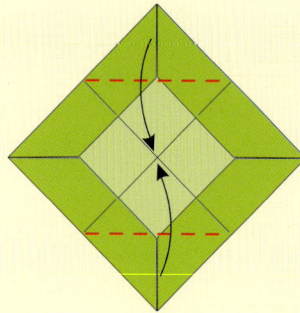

5. Linie falten, liegen lassen.

9. Zwei Einzelteile zusammen kleben.

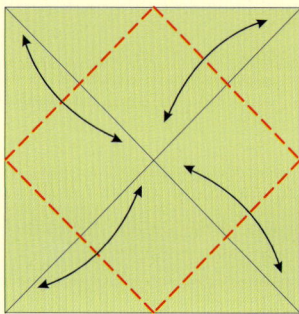

2. Linien falten, wieder öffnen.

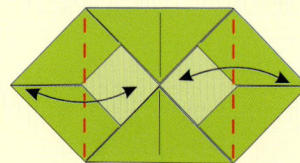

6. Linien falten, wieder öffnen.

10. Die gewünschte Zahl für einen Ring zusammen kleben.

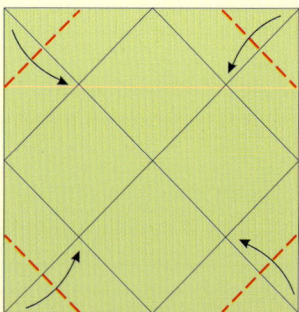

3. Linien falten, liegen lassen.

7. Fertig gefaltetes Einzelteil.

11. Die Ringe mit einem unsichtbarem Klebeband verbinden.

12. Zwei Ringe zusammen.

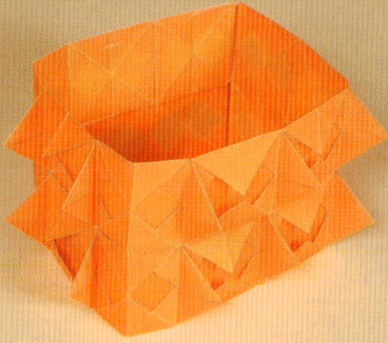

13. Papierstreifen an den Schirm kleben, als perfekter Abschluß.

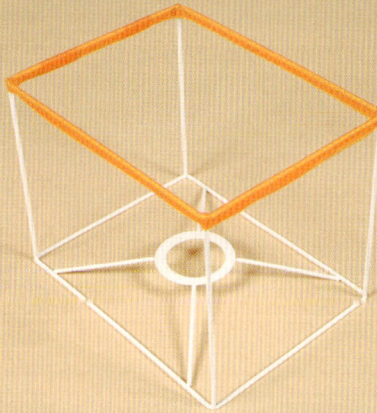

14. Fertiger Lampenschirm.

Rauten Lampe

MATERIAL

Für diese Tischlampe wurden 20 Blätter Lampenpapier Silberne Kleckse, in der Größe 15x15 cm, verarbeitet.

Der Lampenschirm hat eine Höhe von 30 cm, einen Durchmesser von 15 cm. Die gleichen Maße hat dann auch die fertige Lampe.

Vor dem Beginn immer die Arbeitsvorbereitungen (S. 5-7) lesen.

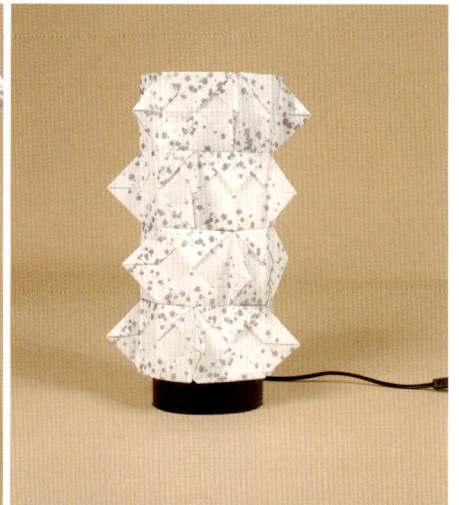

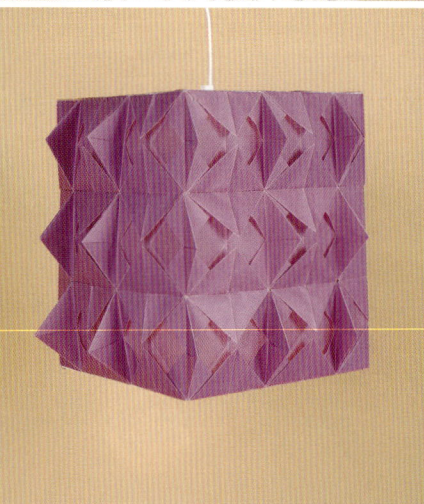

MATERIAL

Für diese Deckenlampe wurden 30 Blätter Transparentpapier Lila, in der Größe 20x20 cm, verarbeitet.

Der Lampenschirm hat die Höhe von 30 cm, eine Länge und Breite von 25 cm.

Die gleichen Maße hat dann auch die fertige Lampe.

Vor dem Beginn immer die Arbeitsvorbereitungen (S. 5-7) lesen.

Origami Lampenschirme

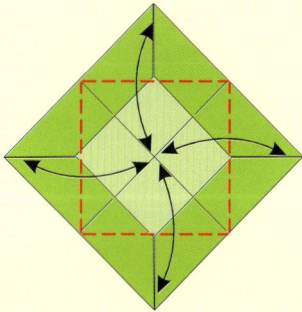

4. Das dritte Einzelteil kleben.

5. Das vierte Einzelteile an zwei
Stellen kleben.

1. Beginn Seite 42 bis Nr. 4
arbeiten. Linien falten,
wieder öffnen.

6. An einer Seite nochmals vier
Teile, wie beschrieben, kleben.

7. Anfang mit dem Ende verkleben,
Schirm einsetzen, fertig.

2. Auf eines der vier Dreiecke
(Kreis) Kleber auftragen.

3. Zwei Einzelteile
zusammen kleben.

Rauten Lampe

MATERIAL
Für diese Variante wurden
16 Blätter Transparentpapier Weiß,
16 Blätter Transparentpapier Lila, in
der Größe 15x15 cm, verarbeitet.

Der Lampenschirm hat eine
Höhe von 30 cm, sowie Länge und
Breite von 15 cm.
Die gleichen Maße hat dann auch
die fertige Lampe.

Vor dem Beginn immer die Arbeitsvorbereitungen (S. 5-7) lesen.

MATERIAL
Für diese Variante wurden
8 Blätter Lampenpapier Mikado, in
der Größe 15x15 cm, verarbeitet.

Der Lampenschirm hat eine Höhe
von 15 cm, sowie Länge und Breite
von 8 cm.

Die gleichen Maße hat dann auch
die fertige Lampe.

Vor dem Beginn immer die Arbeitsvorbereitungen (S. 5-7) lesen.

MATERIAL
Für diese Variante wurden
16 Blätter Transparentpapier Gelb,
in der Größe 15x15 cm, verarbeitet.

Der Lampenschirm hat eine
Höhe von 15 cm, sowie Länge und
Breite von 15 cm.
Die gleichen Maße hat dann auch
die fertige Lampe.

Vor dem Beginn immer die Arbeitsvorbereitungen (S. 5-7) lesen.

MATERIAL
Für diese Variante wurden
32 Blätter Transparentpapier Rot,
in der Größe 15x15 cm, verarbeitet.

Der Lampenschirm hat eine
Höhe von 30 cm, sowie Länge und
Breite von 15 cm.

Die gleichen Maße hat dann auch
die fertige Lampe.

Vor dem Beginn immer die Arbeitsvorbereitungen (S. 5-7) lesen.

Blumige Lampen

4. Linie falten, liegen lassen.

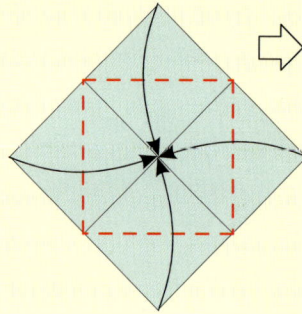

8. Obere Dreiecke aufrichten.

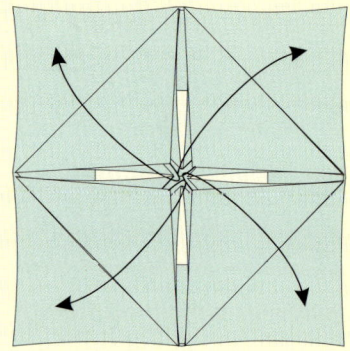

1. Linien falten, wieder öffnen.

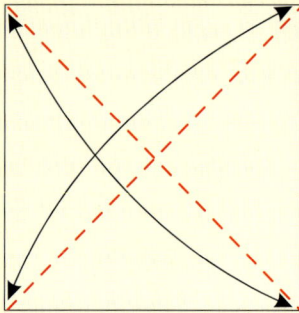

5. Spitzen von der Mitte an die
Papierkante falten, wieder öffnen.

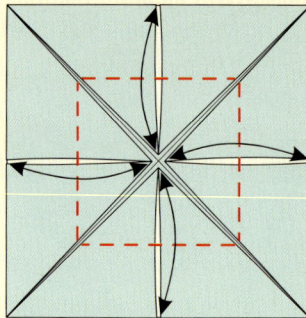

9. Innere Dreiecke aufrichten.

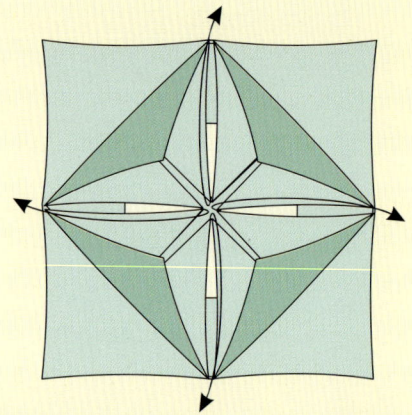

2. Linie falten, liegen lassen.

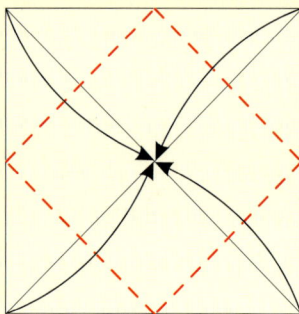

6. Linien falten, liegen lassen.

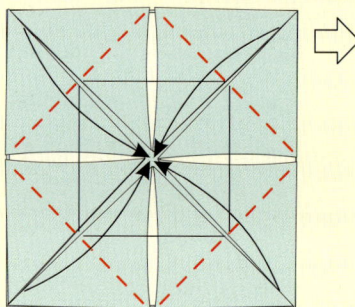

10. Fertig gefaltetes Einzelteil.

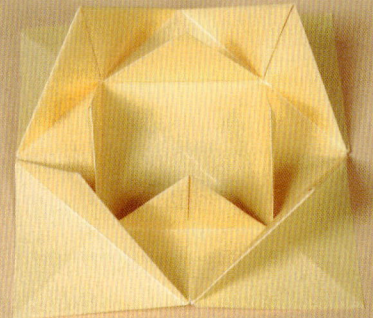

3. Rückseite nach oben legen.

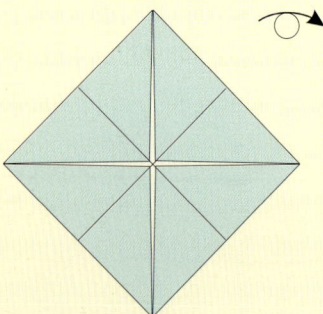

7. Spitzen von der Rückseite nach
oben legen.

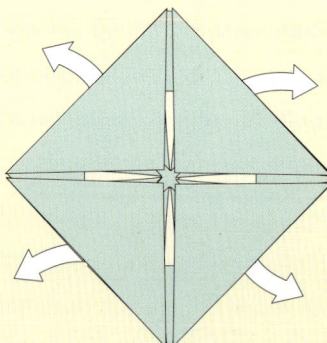

11. Rückseite Einzelteil.

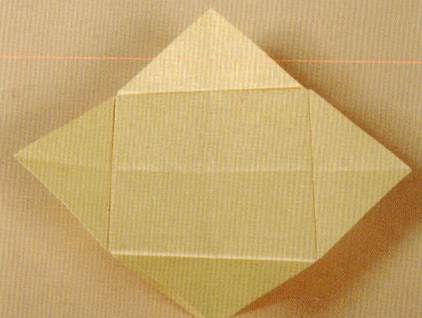

12. An einer Ecke Klebestreifen anbringen.

13. Klebestelle in den Schlitz eines weiteren Teiles schieben.

14. Zwei Teile verbunden. So weiterarbeiten, bis die Höhe des Lampenschirms erreicht ist.

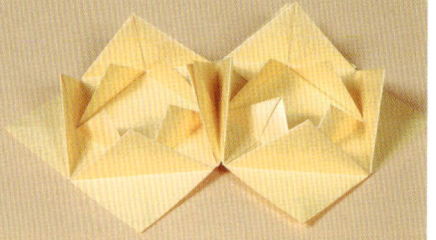

15. Bei dieser Lampe werden drei Teile für die Höhe benötigt. Dann für die Breite, wie beschrieben, so weiter arbeiten.

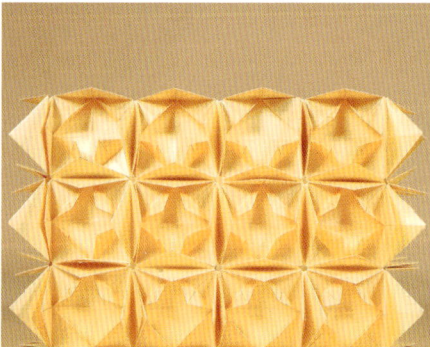

16. Die oberen und unteren Spitzen zur Befestigung des Lampenschirms verwenden, siehe Seite 11.

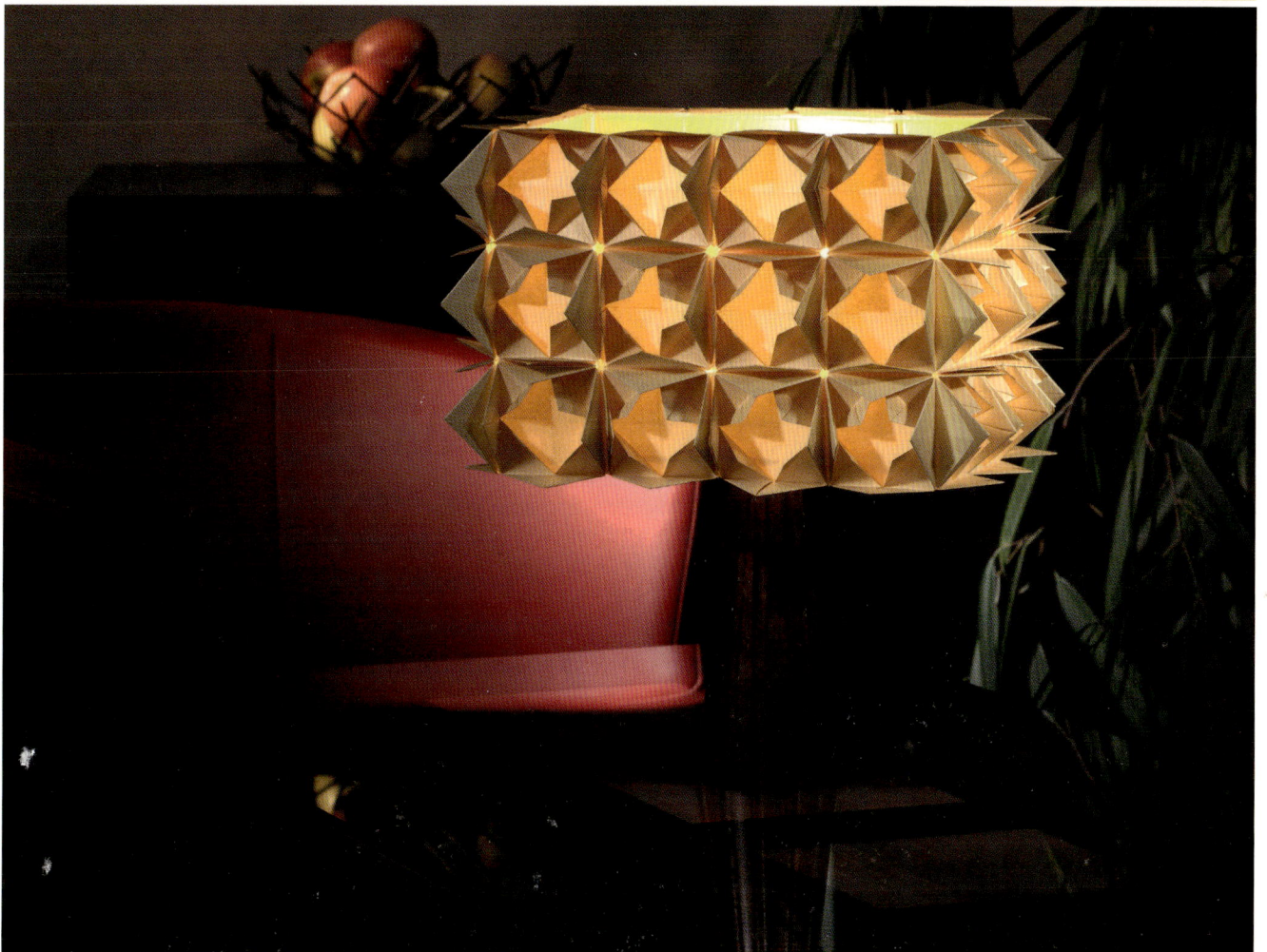

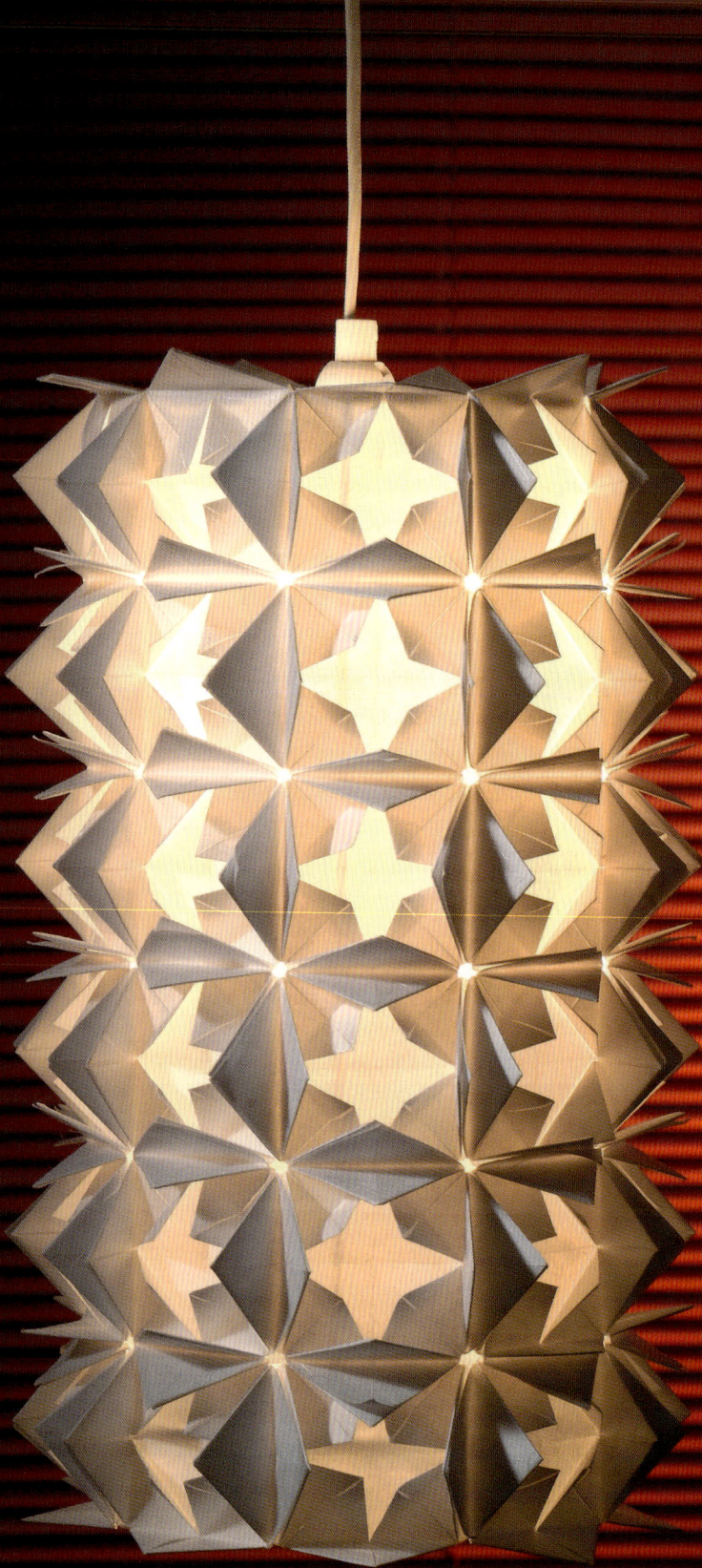

Für diese blumige Deckenlampe wurden 54 Blätter Shiramine Washi Papier Weiß, in der Größe 15x15 cm, verarbeitet.

Der Lampenschirm hat eine Höhe von 30 cm und einen Durchmesser von 15 cm.

Die gleichen Maße hat dann auch die fertige Lampe.

Tischlampe von Seite 49,
als Deckenlampe.

Blumige Lampen

4. Streifen für den Knoten.

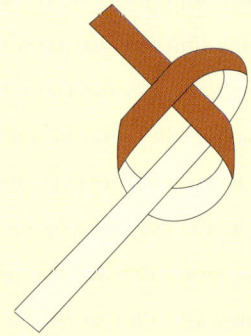

8. Ein Ende durch die Schlaufe ziehen.

1. Beginn Seite 48 bis Nr. 10 arbeiten. Spitze nach vorne öffnen.

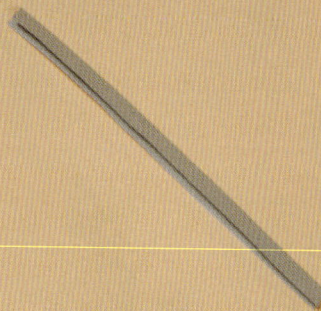

5. In der Mitte falten.

9. Papierknoten festziehen.

2. Spitze ganz flach legen, wieder öffnen. Mit den anderen drei Spitzen wiederholen.

6. Nochmals in der Mitte falten.

10. Vier Einzelteile geklebt.

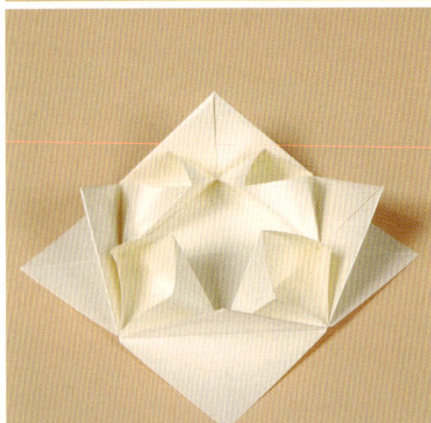

3. Fertiges Einzelteil.

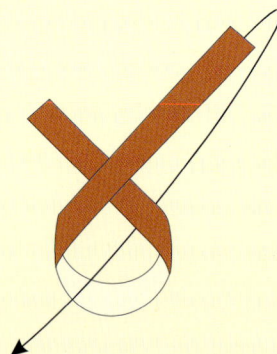

7. Eine Schlaufe legen.

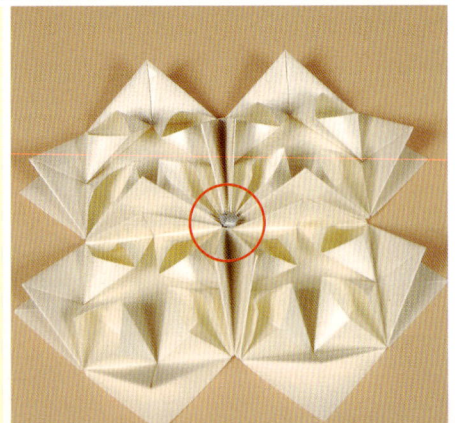

11. Knoten in die Mitte geklebt.

Blumige Lampen

MATERIAL

Für diesen japanischen Lampion wurden 4 Blätter Transparentpapier Rot, in der Größe 30x30 cm und 4 Blätter japanisches Papier, 10,5x10,5 cm, verarbeitet.

Der Lampenschirm hat die Höhe, Länge und Breite von 10 cm.

Die gleichen Maße hat dann auch die fertige Lampe.

Vor dem Beginn immer die Arbeits-vorbereitungen (S. 5-7) lesen.

4. Papier einlegen.

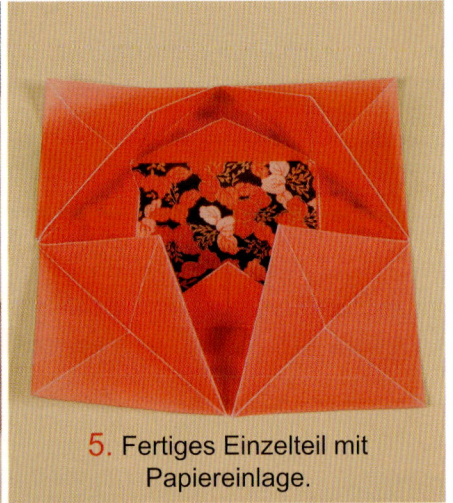

5. Fertiges Einzelteil mit Papiereinlage.

1. Papier für die Einlage.

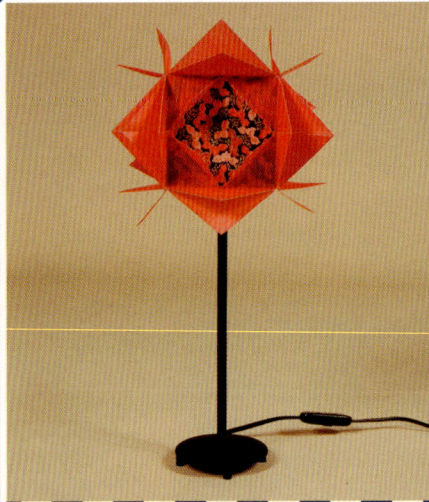

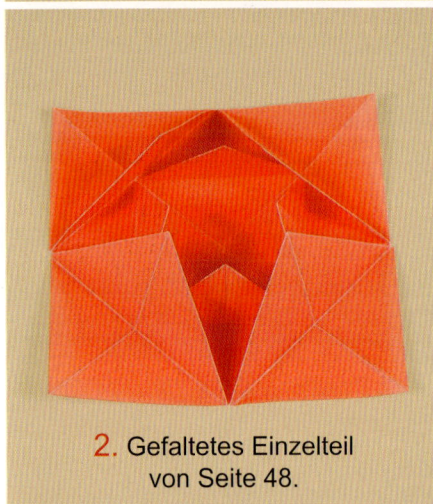

2. Gefaltetes Einzelteil von Seite 48.

MATERIAL

Für die unten gezeigte Margeriten Lampe wurden 4 Blätter Transparentpapier Weiß, in der Größe 30x30 cm und 4 Blätter Transparent Gelb, 10,5x10,5 cm, verarbeitet.

Der Lampenschirm hat die Höhe, Länge und Breite von 10 cm. Die gleichen Maße hat dann auch die fertige Lampe.

Vor dem Beginn immer die Arbeits-vorbereitungen (S. 5-7) lesen.

3. Innere Spitzen öffnen.

MATERIAL

Diese Konische Lampe wurde mit 8 Blättern Strasspapier Gold, in der Größe 30x30 cm, gearbeitet.

Als Schirm wurde ein 20 cm Ring mit Lampenfassung verwendet, Höhe 12 cm.

Die fertige Lampe hat eine Tellerform und an der Unterseite einen Durchmesser von 55 cm.

Vor dem Beginn immer die Arbeitsvorbereitungen (S. 5-7) lesen.

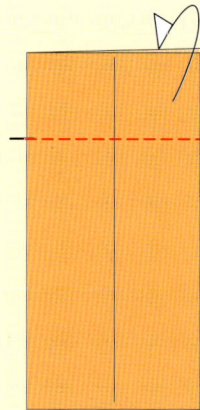

1. Linie falten, liegen lassen.

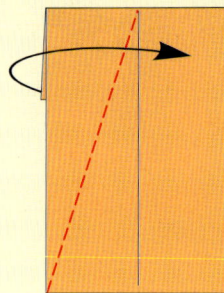

2. Linien falten, wieder öffnen.

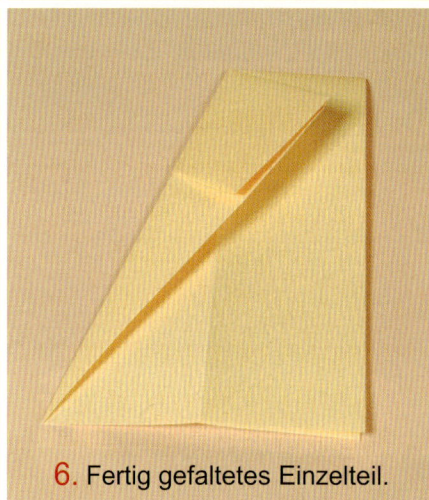

3. Markierungen anbringen.

1/4

1/2

4. Linie zur Rückseite falten, liegen lassen.

5. Schräge Linie falten, liegen lassen.

6. Fertig gefaltetes Einzelteil.

7. Schräge Linie öffnen.

8. Schritt Nr. 4 auch öffnen.

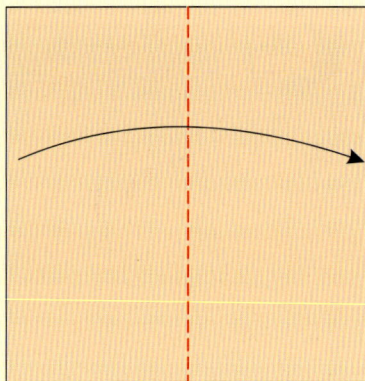

9. Obere Papierlage an der schrägen Linie nach links öffnen.

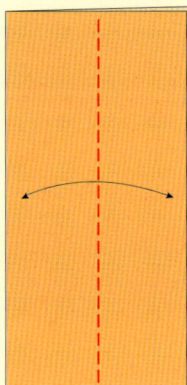

10. An der Linie, Papier wieder nach hinten legen, Rückseite nach oben legen.

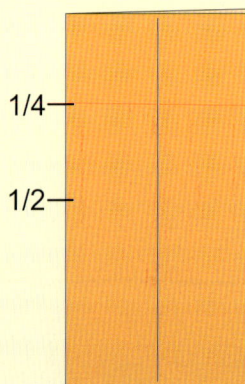

11. Hochstehende Spitze an der Linie flachlegen, siehe Bild Nr. 12.

12. Senkrechte Linie flachdrücken, dann Rückseite nach oben legen.

13. An der gefalteten Linie, siehe Nr. 9, doppelseitiges Klebeband anbringen. Wer möchte, kann auch noch an der Papierkante kleben.

14. Wieder liegt die Rückseite oben. An der gefalteten Linie, siehe Bild Nr. 12, ebenfalls ein Klebeband anbringen.

15. Auf der Vorderseite nun das zweite Teil auf das erste Teil kleben. Stehend ist es einfacher.

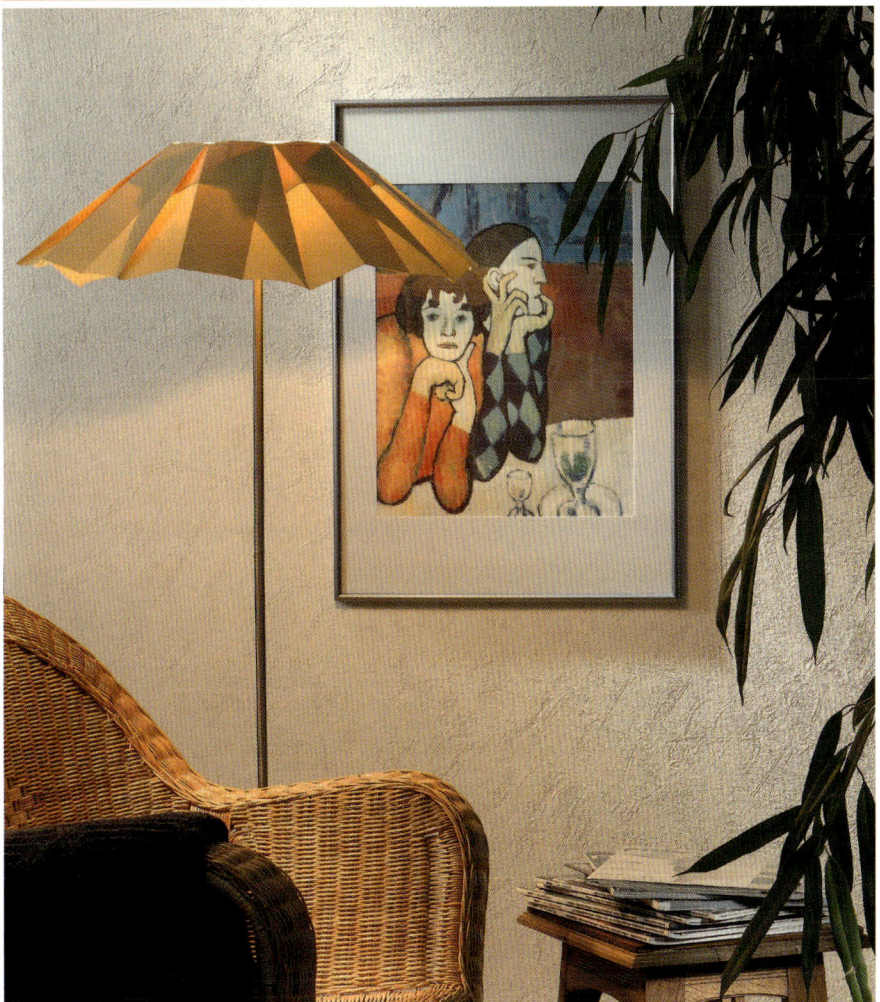

16. Wieder liegt die Rückseite oben. Am Rand des zweiten Teils etwas nach unten ziehen, kleben. Klebestellen gut andrücken.

18. So weiter arbeiten, bis die gewünschte Menge verbunden ist. Wenn die letzte Stelle mit der ersten verbunden wird, sorgfältig arbeiten.

17. Nun liegt die Vorderseite oben. Eventuell gerade schneiden.

19. Klebeband am Schirm anbringen. Da der Ring nicht komplett am Papier aufliegt, zunächst etwas absichern.

Konische Lampen

1. Linie falten, liegen lassen.

2. Linien falten, wieder öffnen.

3. Markierungen anbringen.

1/8
1/4
1/2

4. Linie zur Rückseite falten, liegen lassen.

5. Schräge Linie falten, liegen lassen.

6. Fertig gefaltetes Einzelteil.

7. Schräge Linie öffnen.

8. Schritt Nr. 4 auch öffnen.

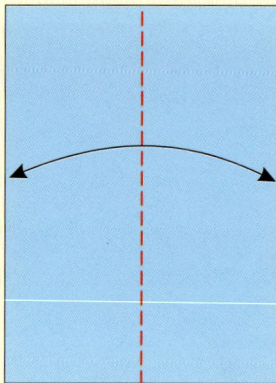

9. Obere Papierlage, an der schrägen Linie, nach links öffnen.

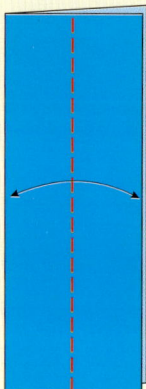

10. An der Linie, Papier wieder nach hinten legen. Rückseite nach oben legen.

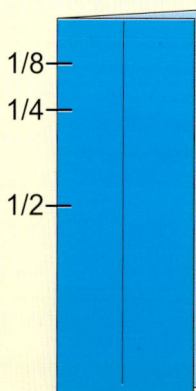

11. Hochstehende Spitze an der Linie flachlegen.

12. Doppelseitige Klebebänder anbringen, siehe Seite 57.

MATERIAL
Die rechte Konische Lampe wurde wie die Lampe auf der linken Seite gearbeitet, allerdings mit mehr Blättern und Strasspapier Gold, in der Größe 30x30 cm.
Als Schirm wurde ein 20 cm Ring mit Lampenfassung verwendet, Höhe 12 cm.
Die fertige Lampe hat eine Schüsselform und an der Unterseite einen Durchmesser von 55 cm.

Vor dem Beginn immer die Arbeits-vorbereitungen (S. 5-7) lesen.

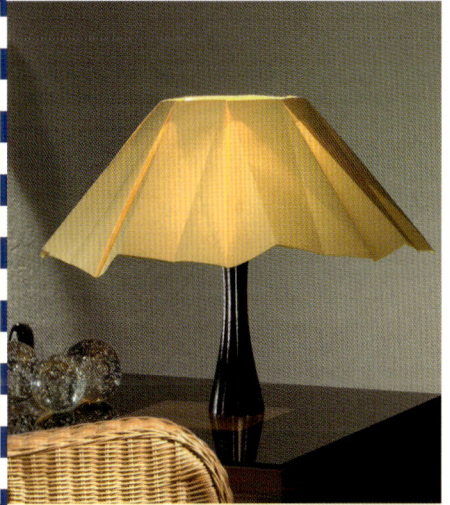

13. Das zweite Teil mit dem ersten Teil verkleben, siehe Seite 57. Stehend ist es einfacher.

14. Zwei Teile zusammen. So weiterarbeiten, bis die gewünschte Menge verbunden ist.

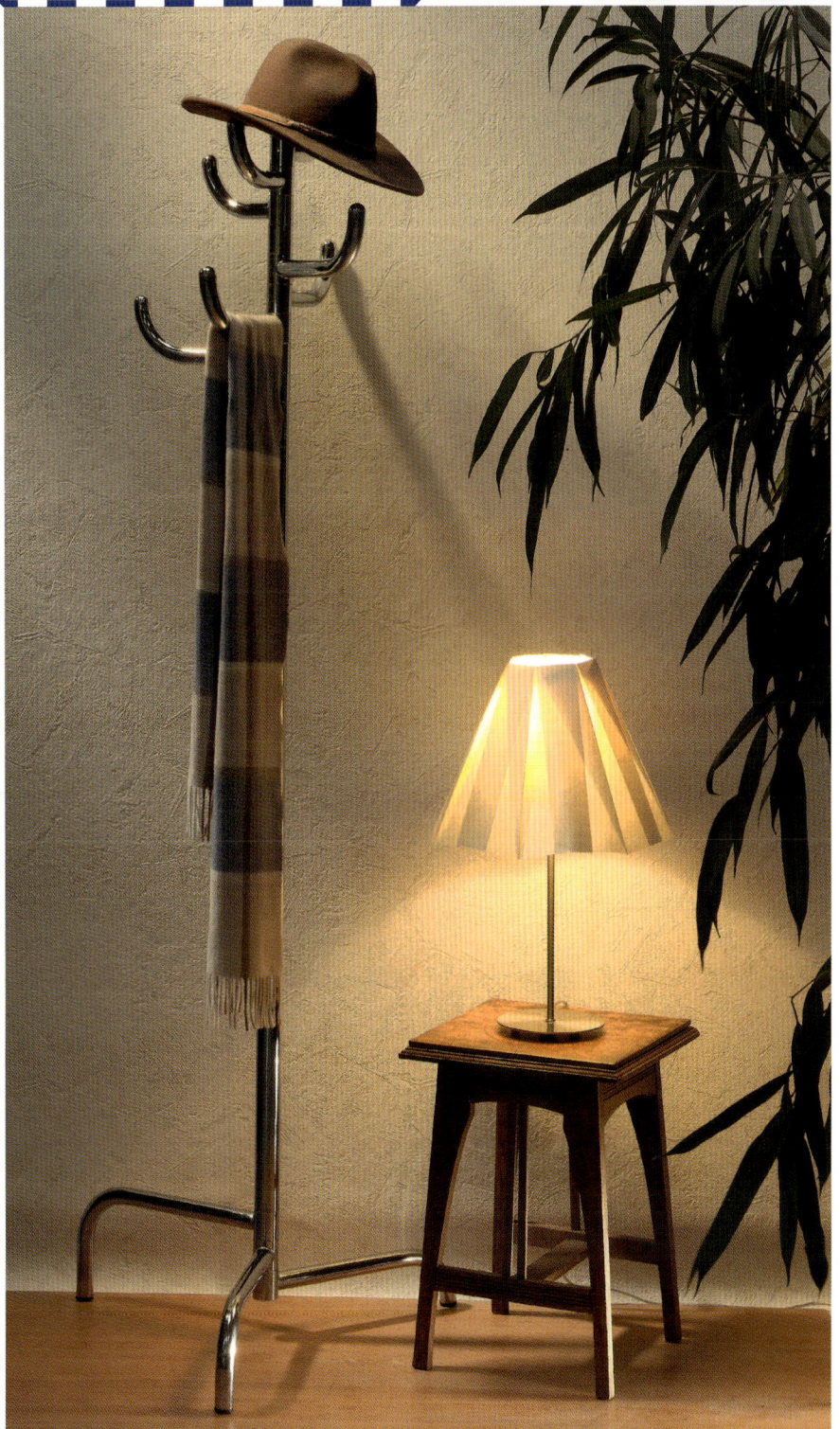

Konische Lampen

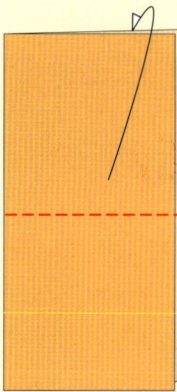

4. Schräge Linie öffnen.

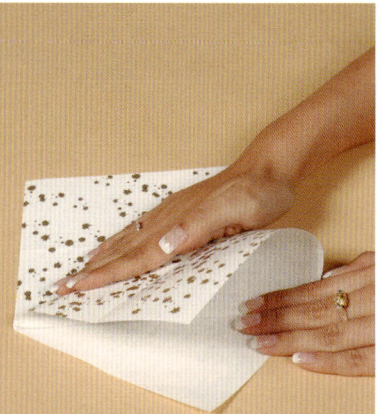

8. Papier im Knick flachlegen, siehe Foto.

1. Beginn Seite 58 Nr. 1, dann Linie zur Rückseite falten, liegen lassen.

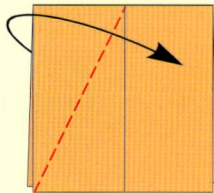

5. Schritt Nr. 1 auch öffnen.

9. Mittellinie flachdrücken, siehe Foto.

2. Schräge Linie falten, liegen lassen.

6. Obere Papierlage an der schrägen Linie nach links öffnen.

10. Auf diese Fläche bis zur Linie vollflächig Kleber anbringen, das zweite Teil sofort festkleben, Rückseite nach oben legen.

3. Fertig gefaltetes Einzelteil.

7. An der Linie, Papier wieder nach hinten legen,

11. Schritt Nr. 10 auf der Rückseite wiederholen.

12. Zwei Teile zusammen.

13. Sollte der Rand so wellig sein, dann kann auch am Rand nochmals geklebt werden.

14. Die Papierlagen öffnen, Kleber auftragen und fest andrücken.

15. Hier wurde der Rand bereits verklebt. So weiterarbeiten, bis die gewünschte Menge verbunden ist.

16. Klebeband am Schirm anbringen.

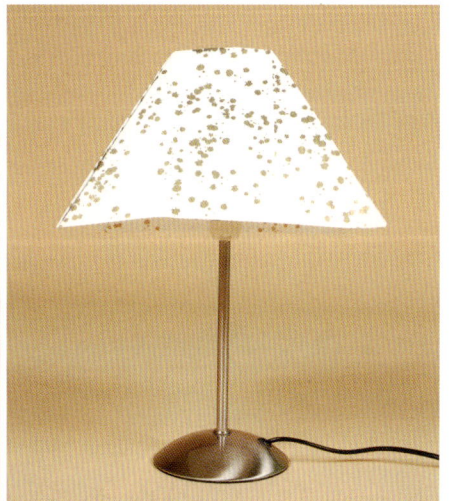

Tulpen Licht

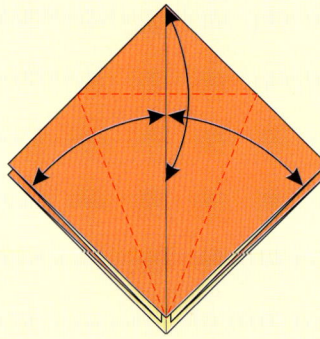

4. Linien falten,
wieder öffnen.

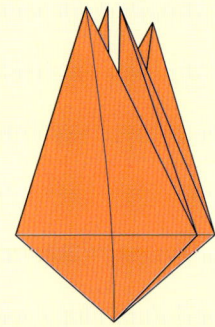

8. Fertig gefaltetes
Einzelteil.

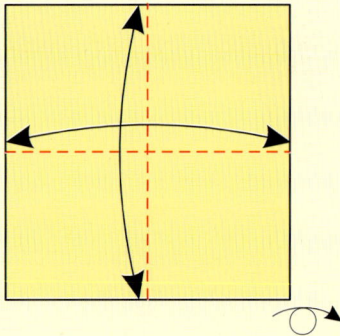

1. Linien falten,
wieder öffnen. Rückseite
nach oben legen.

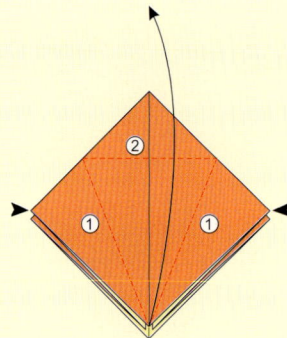

5. Die Linien Nr. 1 im
Gegenbruch nach oben legen.

9. Im
oberen Teil,
an der gezeigten Stelle,
Kleber anbringen.

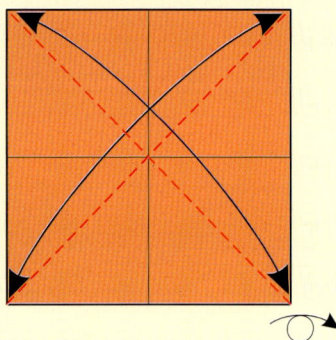

2. Linien falten,
wieder öffnen. Rückseite
nach oben legen.

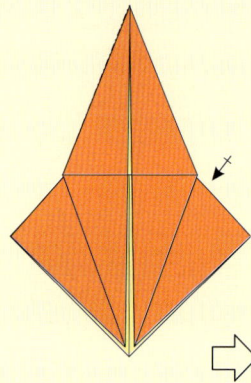

6. Schritt Nr. 5 auf der
Rückseite wiederholen.

10. Das
zweite Teil in das erste Teil kleben.

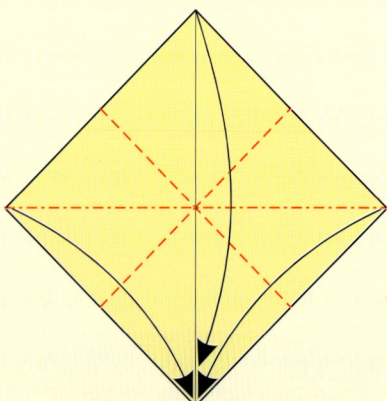

3. Von rechts und links,
die Ecken nach unten legen.

7. Obere Spitzen
nach unten falten,
liegen lassen.
Modell drehen.

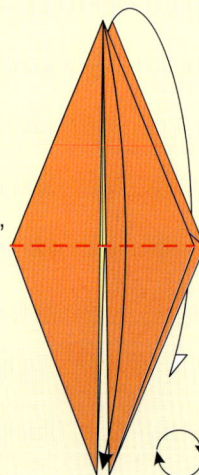

11. Die Papierlage vom ersten Teil
in das zweite Teil kleben.

12. Die Papierlage vom zweiten Teil über das erste Teil kleben.

16. Spitzen rollen, die Nr. 15+16 mit allen wiederholen.

17. Fertiges Einzelteil.

13. Zwei Teile sind verbunden. So die restlichen Teile kleben.

18. Auf der waagerechten Linie Ring einkleben.

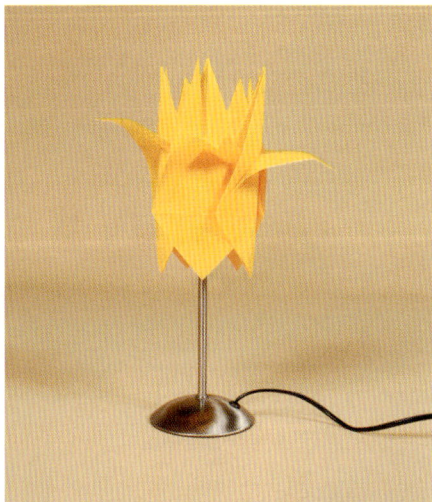

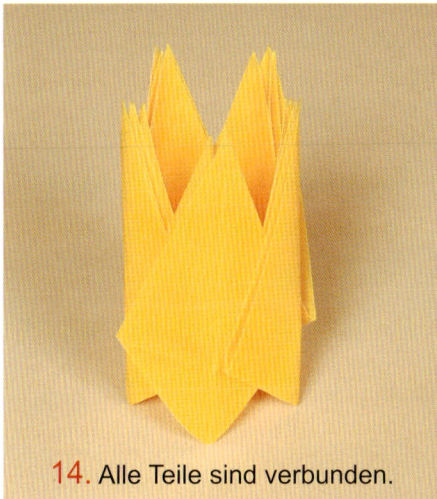

14. Alle Teile sind verbunden.

15. Eine äußere Lage nach außen biegen.

Patchwork Lampen

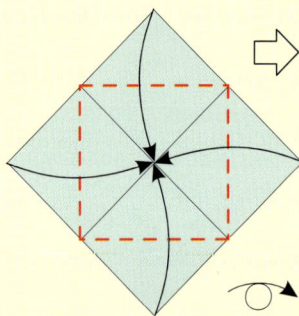

4. Linien falten, liegen lassen.
Rückseite nach oben legen.

8. Spitze ganz flach legen. Mit den
anderen drei Spitzen wiederholen.

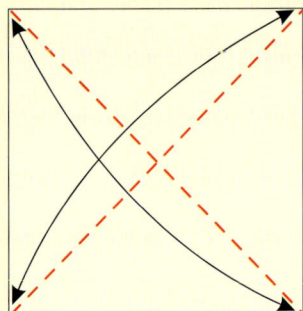

1. Linien falten,
wieder öffnen.

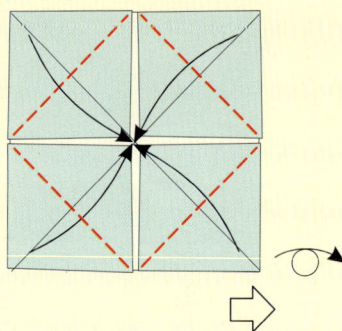

5. Linien falten, liegen lassen.
Rückseite nach oben legen.

9. Fertig geformtes
Einzelteil.

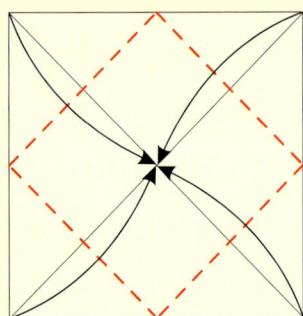

2. Linien falten,
liegen lassen.

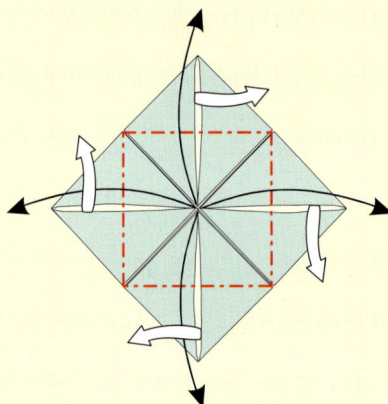

6. Fertig gefaltetes Teil. Öffnung
in den Bildern Nr. 7+8 erklärt.

10. Rechts und links an einem Teil
etwas anschrägen. Das Verbinden
der einzelnen Teile wird leichter.

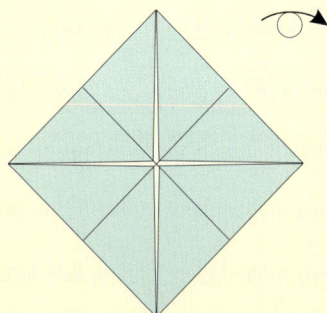

3. Rückseite
nach oben legen.

7. Spitze nach oben öffnen.

11. An dem beschnittenen Teil
Kleber anbringen.

12. Das zweite Teil in das erste Teil kleben.

16. Vier Teile sind zusammen geklebt.

20. Dieses Teil dann zur Rückseite drehen, denn es wird über den Schirm geklebt, siehe Seite 11.

13. Zwei Teile sind zusammen geklebt.

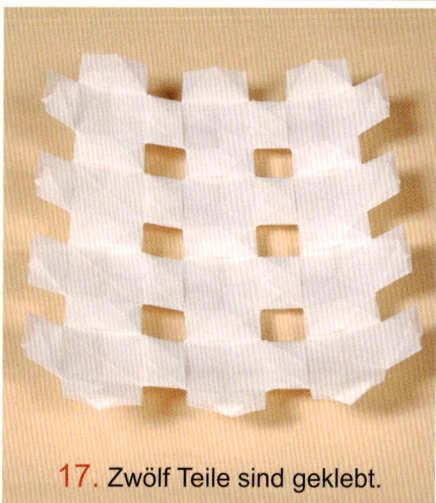

17. Zwölf Teile sind geklebt.

21. Fertiger Lampenschirm.

14. Drei Teile sind zusammen geklebt.

18. Flechtmuster der Streifen.

15. Das vierte Teil muss an zwei Stellen angeschrägt werden.

19. Bei den Einzelteilen, die den Rand bilden, wird wieder so eine Spitze geformt.

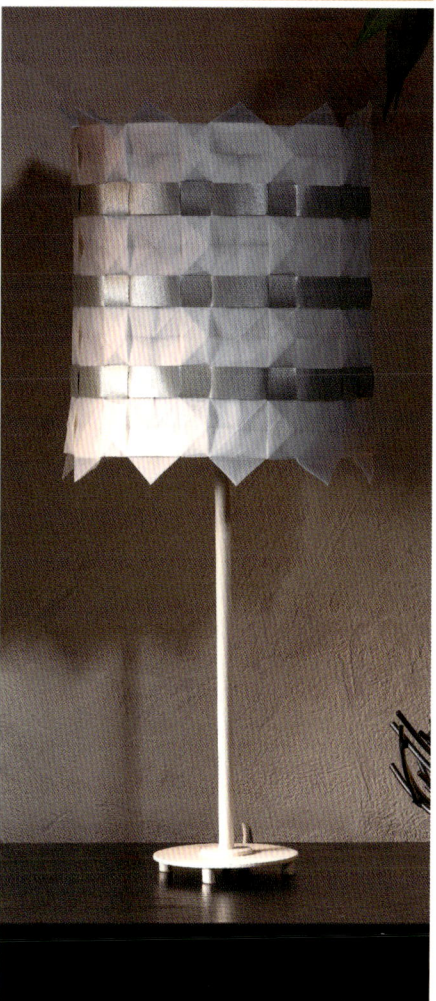

Patchwork Lampen

★★

1. Beginn Seite 64. In die
gefalteten Einzelteile zusätzlich die
Transparentpapiere, in der Größe
5x5 cm, in die Schlitze schieben.

2. Weiterarbeiten, wie auf den
Seiten 64-65 beschrieben.
Die Farben schräg anordnen.

3. Flechtmuster der Streifen.

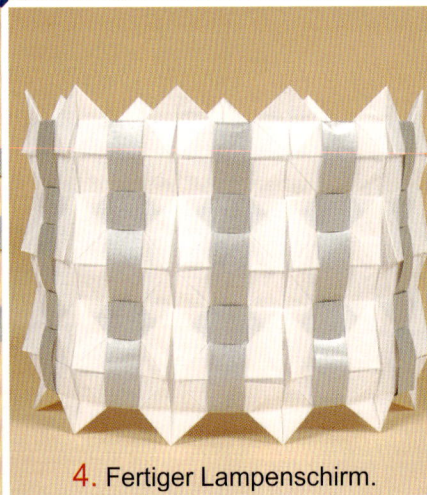

4. Fertiger Lampenschirm.

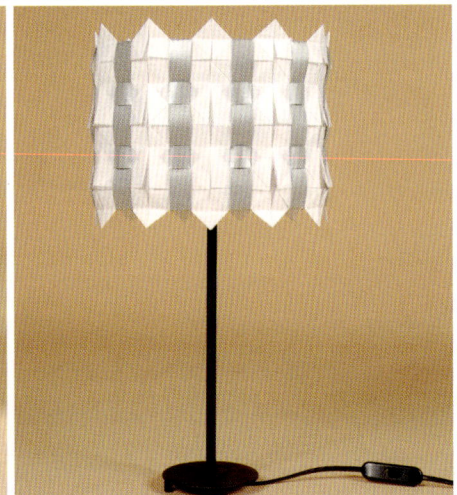

1. Beginn Seite 64.
Rückseite des fertig gefalteten
Einzelteils.

2. Weiterarbeiten, wie auf den
Seiten 64-65 beschrieben.

3. Flechtmuster der Streifen.

4. Fertiger Lampenschirm.

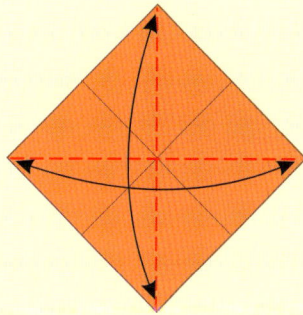

Blumen

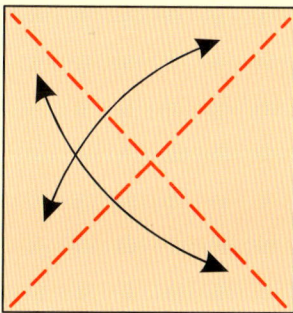

1. Linien falten, wieder öffnen.

2. Linien falten,
liegen lassen.

3. Rückseite
nach oben legen.

4. Linien falten,
wieder öffnen.

5. Blumen
formen,
fertig.

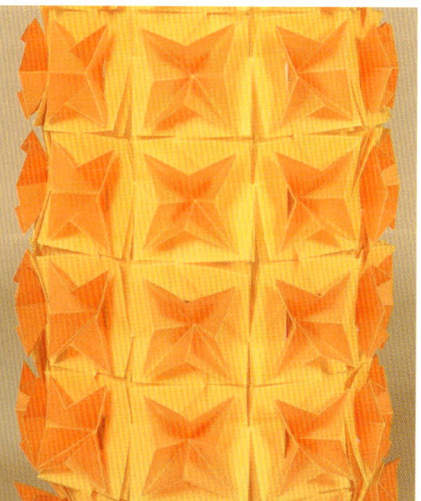

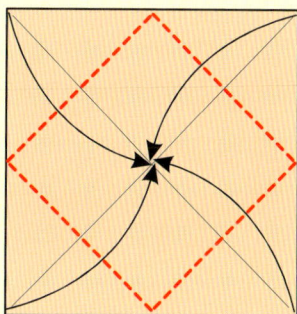

6. Beginn Seite 64.
Vier Teile verbunden.

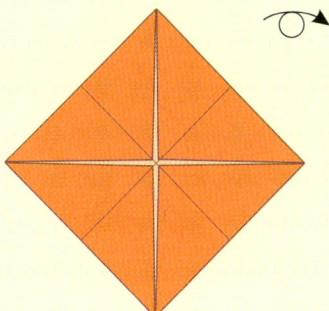

7. An allen vier Ecken
Klebstoff anbringen.

8. Blume andrücken bis der
Klebstoff bindet.

MATERIAL

Für diese Deckenlampe wurden 45 Blätter Elefantenhaut Weiß, in der Größe 30x30 cm, verarbeitet.

Der Lampenschirm hat die Höhe 30 cm und einen Durchmesser von 25 cm.

Die fertige Lampe misst einen Durchmesser von 45 cm.

Vor dem Beginn immer die Arbeitsvorbereitungen (S. 5-7) lesen.

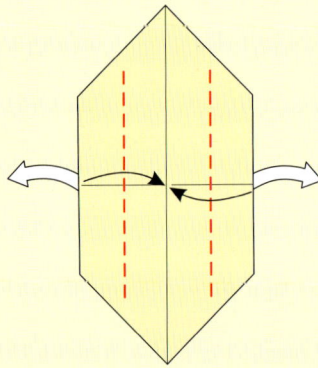

4. Linie falten, dabei die unteren Spitzen nach außen ziehen, liegen lassen.

8. Fertig gefaltetes Einzelteil.

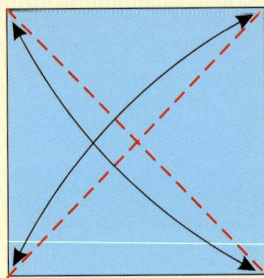

1. Linien falten, wieder öffnen.

5. Rückseite nach oben legen.

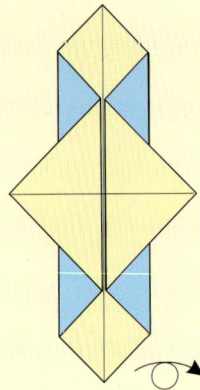

9. Eine Spitze abschneiden.

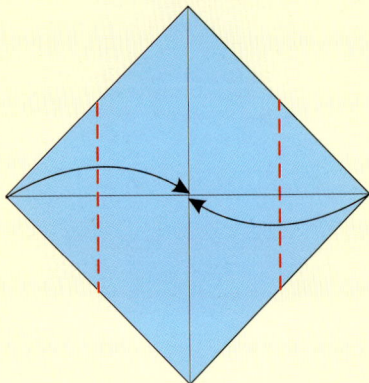

2. Linie falten, liegen lassen.

6. Linien falten, wieder öffnen.

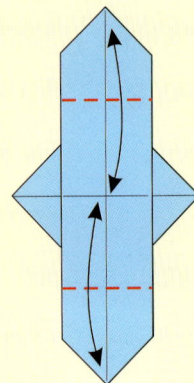

10. Bis zur Linie vollflächig Klebstoff auftragen.

3. Rückseite nach oben legen.

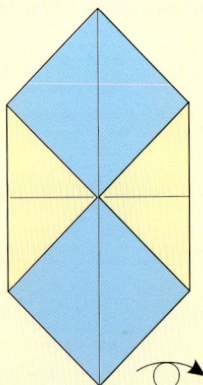

7. Linien falten, wieder öffnen.

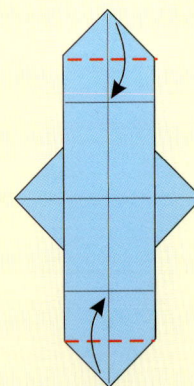

11. Mittellinie nochmals knicken, wie gezeigt zusammen kleben.

12. Fertig geklebtes Einzelteil. Die gewünschte Menge so arbeiten.

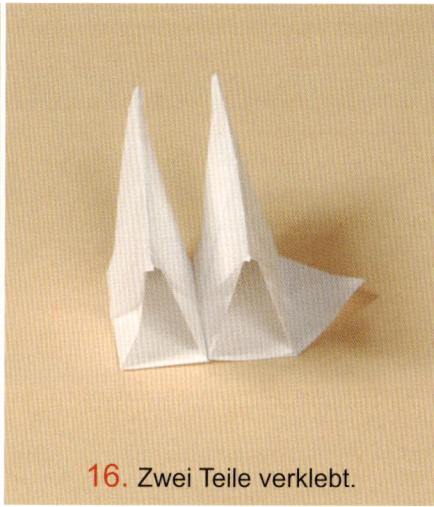

16. Zwei Teile verklebt.

18. Fertiger Ring.

13. Auf dieses Dreieck vollflächig Klebstoff auftragen.

17. Drei Teile verklebt. So weiterarbeiten, bis die Menge für einen Ring erreicht ist.

19. Die Ringe so versetzt am Schirm anbringen.

14. Das zweite Teil auf die Klebestelle setzen.

15. Von der Rückseite nochmals andrücken.

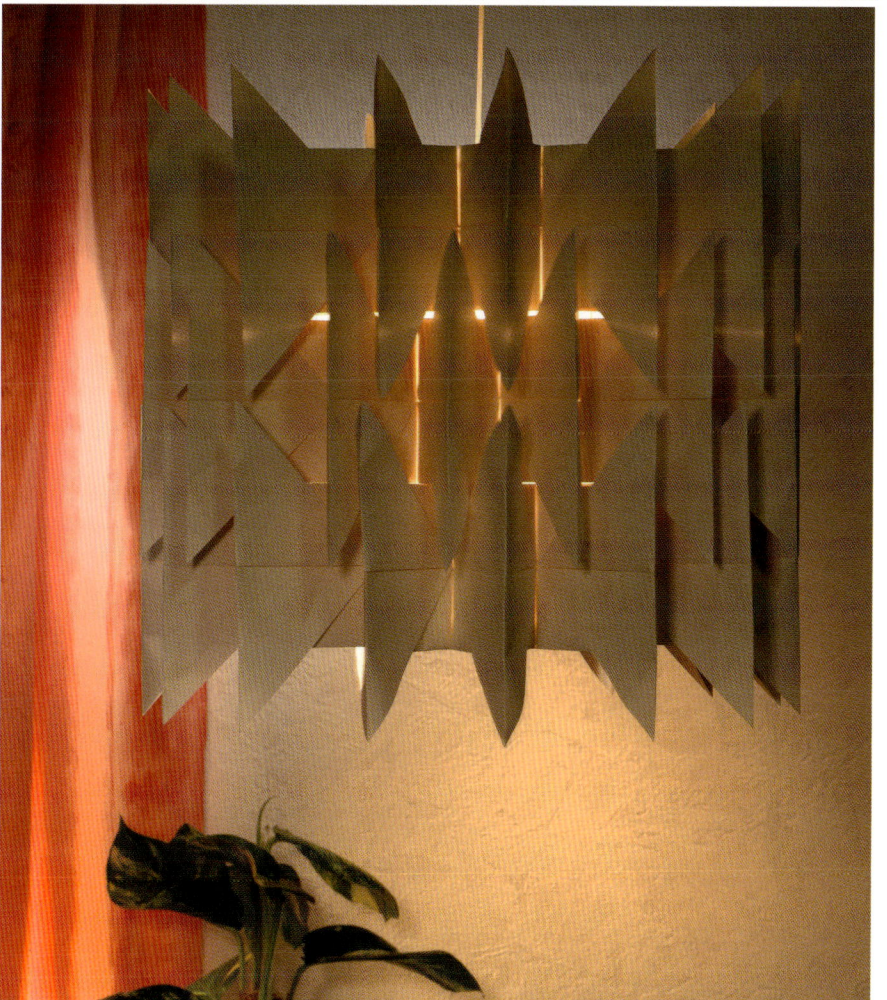

Origami Lampenschirme

Skalaren Lampen

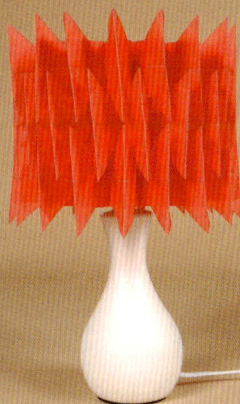

Waben Lichter

1. Beginn
Seite 70 bis Nr. 6.
Linien falten,
wieder öffnen.

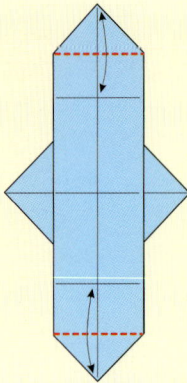

2. Linien falten,
wieder öffnen.

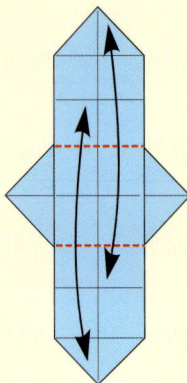

3. Linien falten,
wieder öffnen.
Rückseite nach
oben legen.

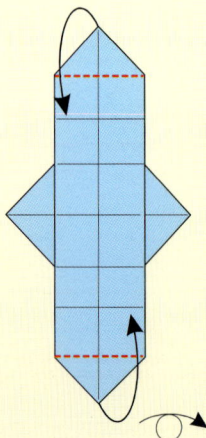

4. Untere Spitze nach oben legen.

5. Spitze zur Mitte falten, liegen lassen.

6. Papier nach unten legen.

7. Obere Spitze zur Mitte falten, liegen lassen.

8. Die Enden verbinden.

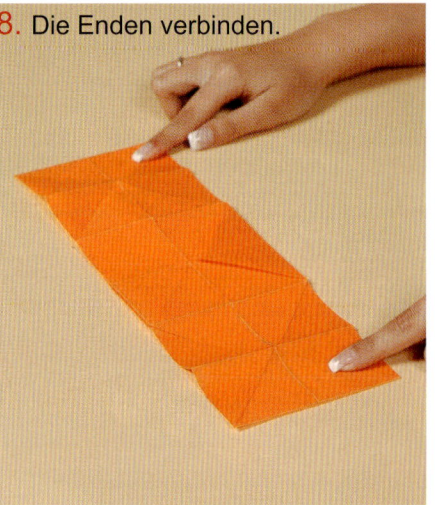

9. Rückseite nach oben legen und so zusammenschieben.

10. Spitze über ein Falzbein rollen.

11. Fertiges Einzelteil.

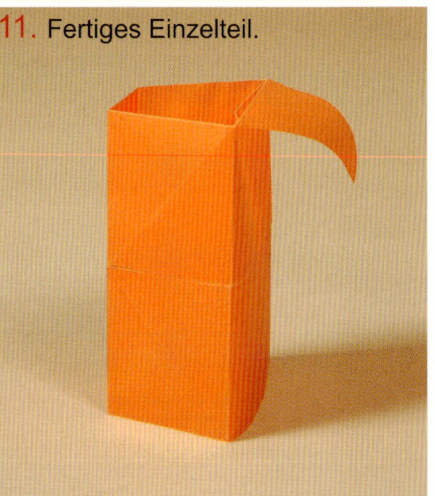

12. Auf diese Seite Klebstoff auftragen.

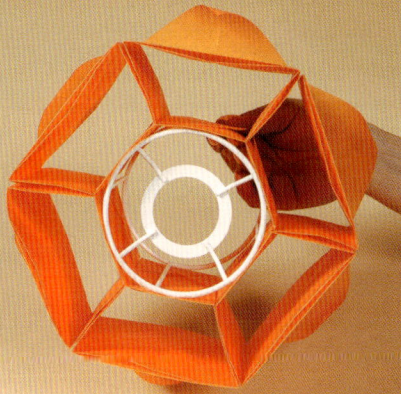

14. Schirm nur unten kleben.

MATERIAL
Für diese Tischlampe wurden jeweils 3 Blätter Transparentpapier Orange und Gelb, in der Größe 30x30 cm, verarbeitet.

Der Lampenschirm hat die Höhe und den Durchmesser von 10 cm.

Die fertige Lampe misst einen Durchmesser von 20 cm,

Vor dem Beginn immer die Arbeitsvorbereitungen (S. 5-7) lesen.

13. Zwei Teile zusammen.

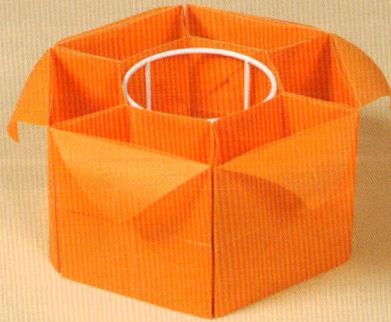

15. Fertiger Lampenschirm.

1. Fertiger Lampenschirm.

Waben Lichter

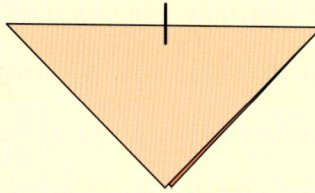

4. Mitte markieren.

8. Eine Seite öffnen.

1. Beginn Seite 74 bis Nr. 3.

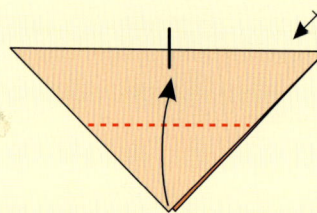

5. Linie falten, liegen lassen.
Rückseite wiederholen.

9. Blatt einlegen und mittig
ausrichten.

2. Spitze zur Mitte
falten, liegen lassen.

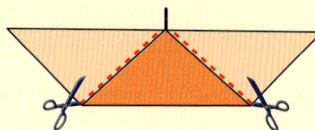

6. An den Papierkanten schneiden.
Achtung: In der Mitte muss ein
kleiner Steg bleiben.

10. Die geöffnete Seite zurück.

Einlageblatt

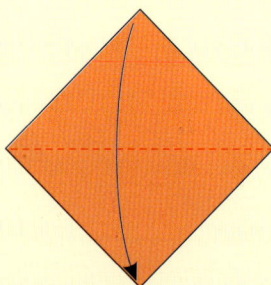

3. Linien falten,
liegen lassen.

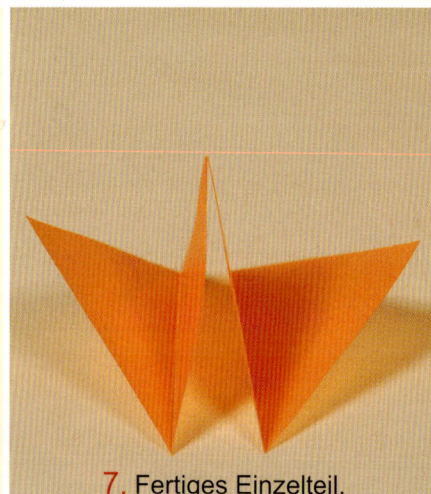

7. Fertiges Einzelteil.

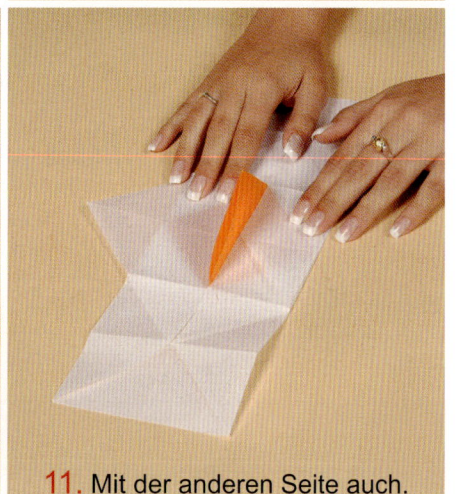

11. Mit der anderen Seite auch.

12. Rückseite nach oben legen und so zusammenschieben.

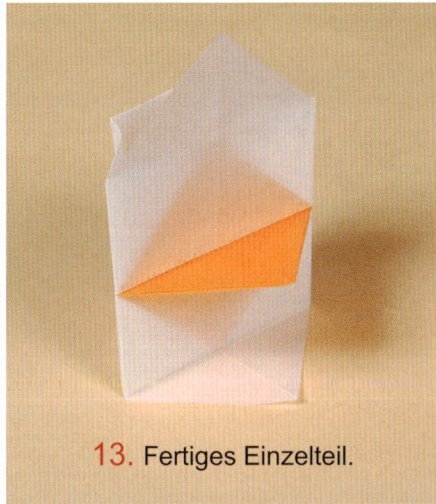

13. Fertiges Einzelteil.

14. Fertiger Lampenschirm.

Waben Lichter

MATERIAL

Bei dieser Tischlampe werden die Spitzen betont. Es wurden 6 Blätter Transparentpapier Weiß, in der Größe 30x30 cm und 3 Blätter Transparentpapier Rot, in der Größe 15x15 cm, verarbeitet.

Der Lampenschirm hat die Höhe und den Durchmesser von 10 cm. Die fertige Lampe misst einen Durchmesser von 20 cm.

Vor dem Beginn immer die Arbeitsvorbereitungen (S. 5-7) lesen.

Einlageblatt

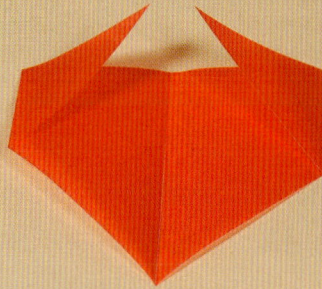

1. Linie falten, wieder öffnen.

2. Spitze zur Mitte falten, liegen lassen.

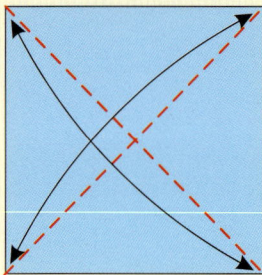

3. Auf der Mittellinie schneiden.

4. Fertiges Einlageblatt.

5. Beginn Seite 74 bis Nr. 5. Obere Papierlage wieder nach unten legen.

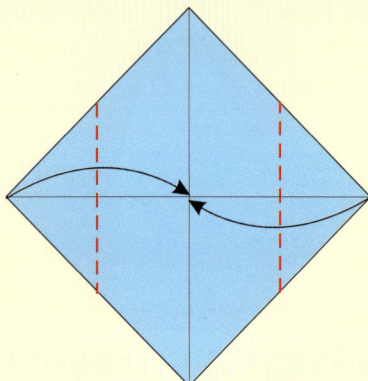

6. Blatt bis zur Mittellinie einlegen.

7. Fertiges Einzelteil.

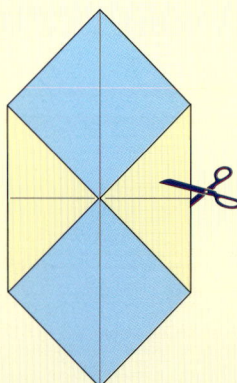

8. Fertiger Lampenschirm.

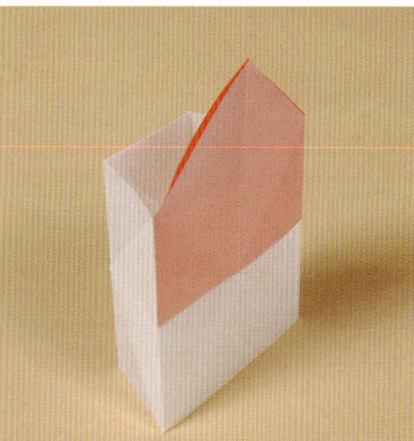

MATERIAL

Für diese Tischlampe wurden 3 Blätter Transparentpapier Rot, 3 Blätter Transparentpapier Lila, in der Größe 30x30 cm, verarbeitet.

Der Lampenschirm hat die Höhe und den Durchmesser von 10 cm.

Die fertige Lampe misst einen Durchmesser von 20 cm.

Vor dem Beginn immer die Arbeitsvorbereitungen (S. 5-7) lesen.

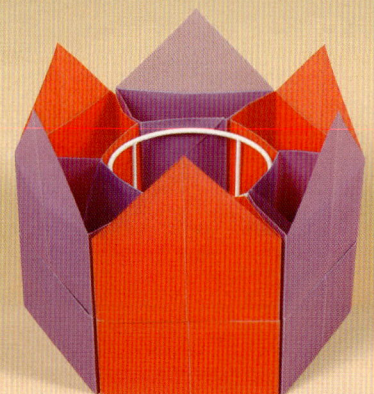

1. Fertige Lampe.

1. Fertiges Einlageblatt.

2. Beginn Seite 74 bis Nr. 5. Obere Papierlage wieder nach unten legen. Einlage einschieben.

3. Fertiges Einzelteil.

4. Fertiger Lampenschirm.

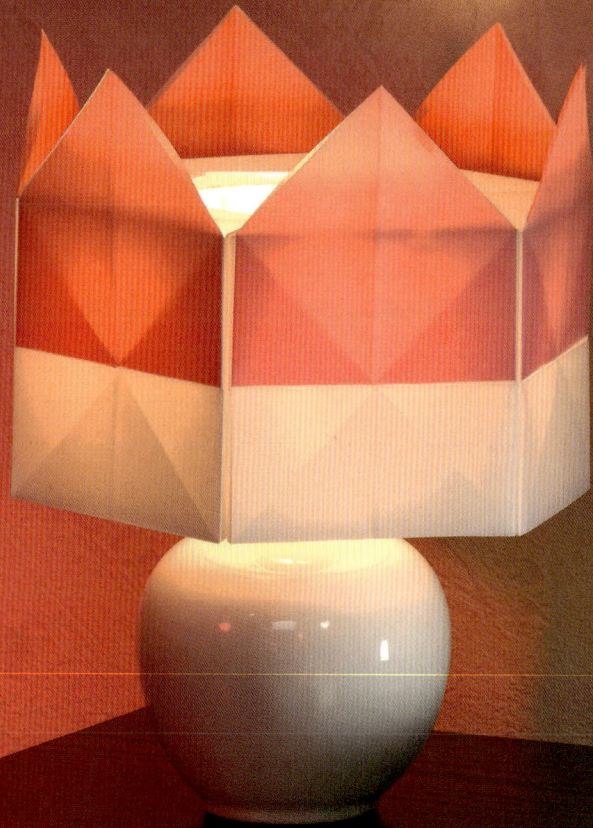

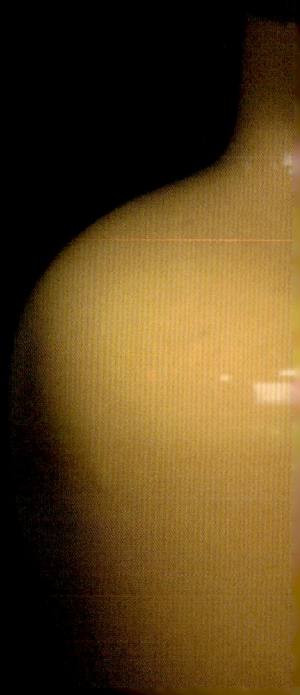

Domino Steine

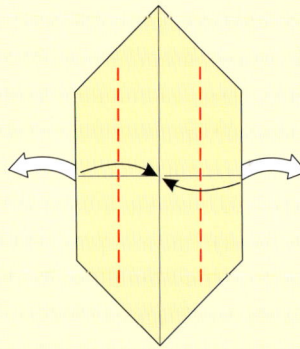

4. Linie falten, dabei die unteren
Spitzen nach außen ziehen,
liegen lassen.

8. Linien falten,
wieder öffnen.

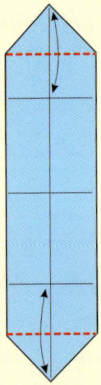

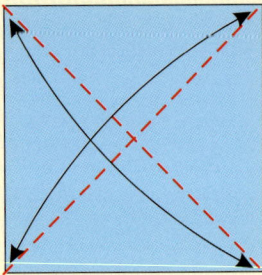

1. Linien falten,
wieder öffnen.

5. Linien falten,
liegen lassen.

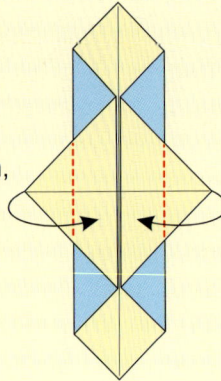

9. Linien falten,
wieder öffnen.

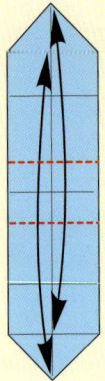

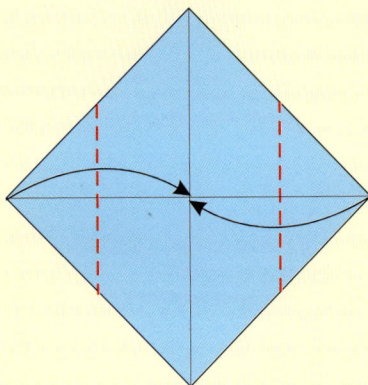

2. Linie falten, liegen lassen.

6. Rückseite
nach oben
legen.

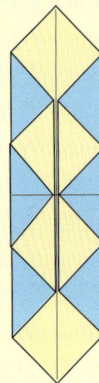

10. Linien falten,
wieder öffnen.

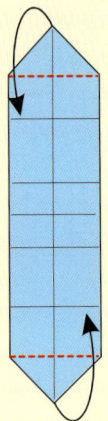

3. Rückseite
nach oben
legen.

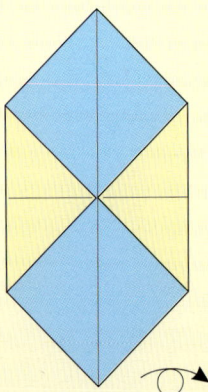

7. Linien falten,
wieder öffnen.

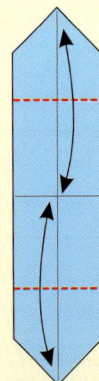

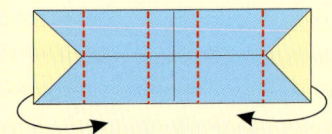

11. Alle Linien formen.

12. Die Enden verbinden.

16. Zwei Teile zusammen.

17. Lichterkette von unten mit Klebeband fixieren.

13. Rückseite nach oben legen und so zusammenschieben.

14. Fertiges Einzelteil.

15. Auf diese Seite Klebstoff auftragen.

Domino Steine

MATERIAL
Für diese schräge
Lichterkette wurden
5 Blätter Transparentpapier Weiß,
5 Blätter Transparentpapier Rot,
in der Größe 20x20 cm, verarbeitet.

LED Lichterkette mit 20 Lichtern.
Die fertige Lampe misst eine
Länge von 50 cm.

Vor dem Beginn immer die Arbeitsvorbereitungen (S. 5-7) lesen.

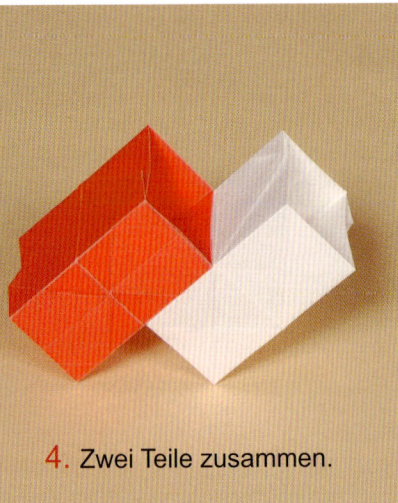

4. Zwei Teile zusammen.

5. Lichterkette von unten mit
Klebeband fixieren.

1. Beginn Seite 82 bis Nr. 14
arbeiten. Auf diese Stelle bis zur
Mitte Klebstoff auftragen.

2. Die Lasche des roten Teils in
die Lasche des weißen Teils,
bis zur Mitte schieben.

3. Klebestelle
fest andrücken.

Blumen Kreise

MATERIAL
Für diese
Blumenkreise wurden
10 Blätter Transparentpapier
Orange, in der Größe 15x15 cm,
oder 20x20cm, verarbeitet.

LED Lichterkette mit 10 Lichtern.
Die fertigen Kreise haben eine
Durchmesser von 11 oder 14 cm.

Vor dem Beginn immer die Arbeitsvorbereitungen (S. 5-7) lesen.

4. Alle Linien formen.

8. Auf diese Seite Klebstoff
auftragen.

1. Beginn
Seite 82 bis
Nr. 4 arbeiten.
Linke Spitze
nach rechts legen.

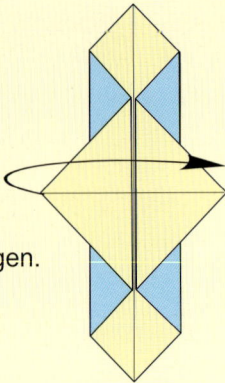

5. Diese Enden verbinden.

9. Zwei Teile zusammen.

2. Linien falten,
wieder öffnen.

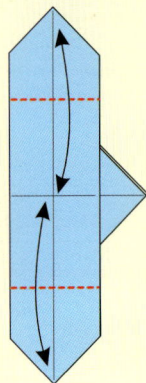

6. Rückseite
nach oben
legen und so
zusammenschieben.

10. Lichterkette von unten mit
Klebeband fixieren.

3. Linien falten,
wieder öffnen.

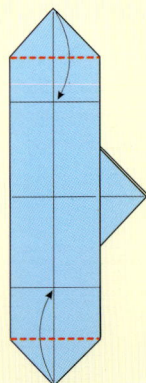

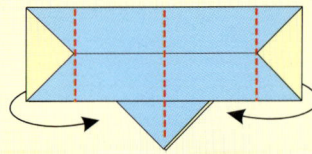

7. Fertiges Einzelteil.

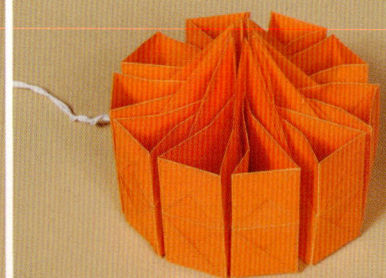

11. Fertiger Blumenkreis.

Tulpen

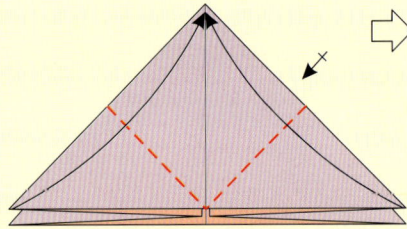

4. Linien falten, liegen lassen. Auf der Rückseite wiederholen.

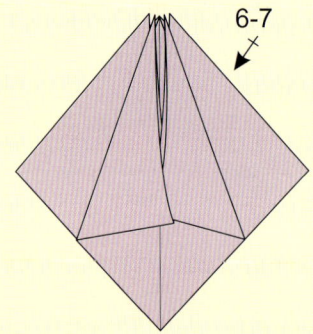

8. Die Schritte von Nr. 6+7 auf der Rückseite wiederholen.

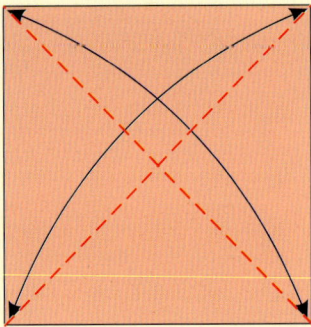

1. Linien falten, wieder öffnen. Rückseite nach oben legen.

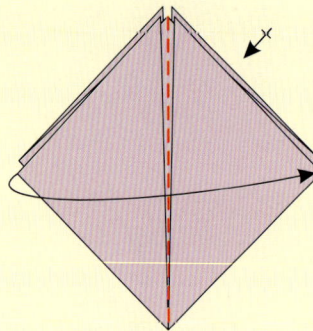

5. Linie falten, liegen lassen. Auf der Rückseite wiederholen.

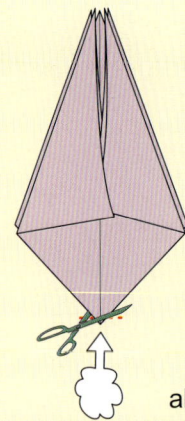

9. Spitze abschneiden und aufblasen.

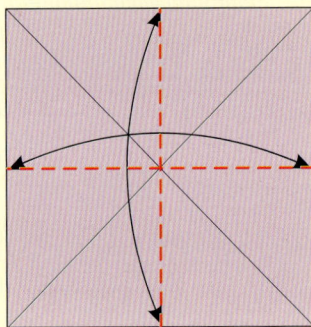

2. Linien falten, wieder öffnen. Rückseite nach oben legen.

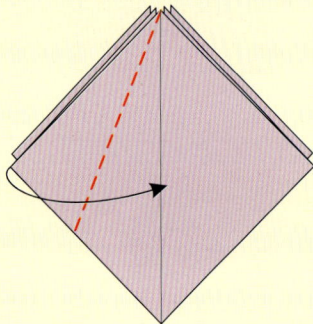

6. Linie falten, liegen lassen.

10. Fertig aufgeblasenes Einzelteil.

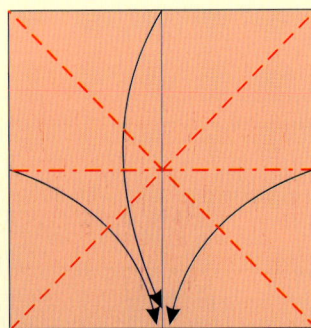

3. Von rechts und links, die Ecken nach unten legen.

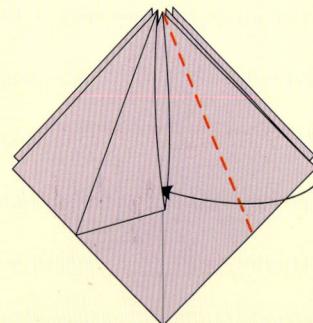

7. Linie falten und zwischen die Papierlagen schieben, siehe Pfeil.

11. Alle Spitzen nach außen formen.

12. Fertiges Einzelteil.

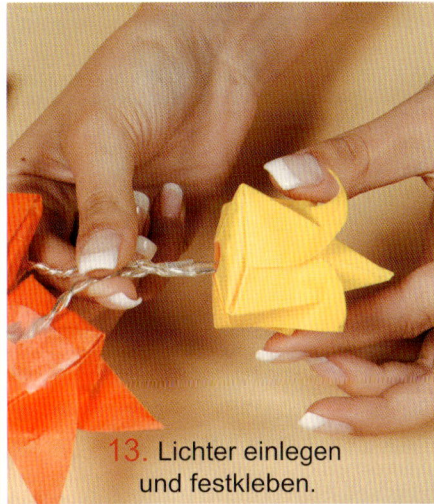

13. Lichter einlegen und festkleben.

MATERIAL
Für diese
Lilien wurde das Produkt „Lilien-MIX" (Quelle: Seite 94) in der Größe 15x15 cm verarbeitet.

LED Lichterkette mit 10 Lichtern. Die fertigen Lilien können in einem Topf oder einzeln auf einen Tisch gestellt werden. Für Wohnung oder Garten geeignet.

Vor dem Beginn immer die Arbeitsvorbereitungen (S. 5-7) lesen.

4. Linie falten, wieder öffnen. An allen drei Seiten wiederholen.

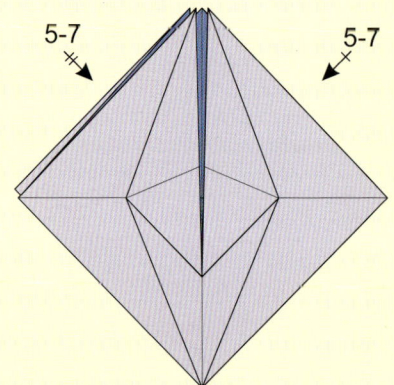

8. Die Schritte von Nr. 5-7 an den drei anderen Seiten wiederholen.

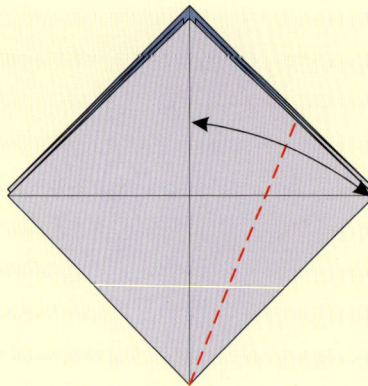

Blüten

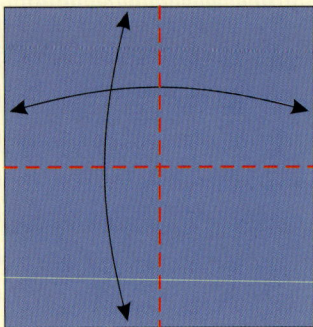

1. Linien falten, wieder öffnen. Rückseite nach oben legen.

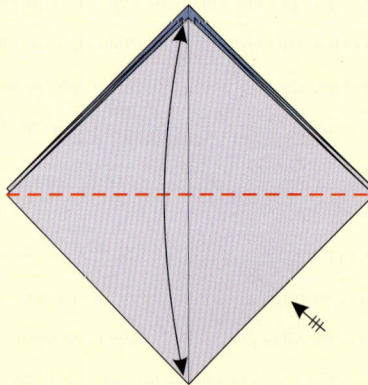

5. Linie falten, wieder öffnen.

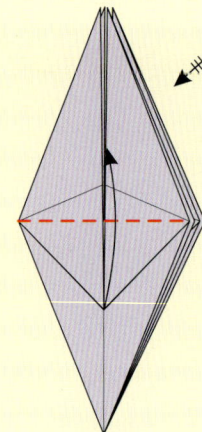

9. Spitze nach oben falten, liegen lassen.

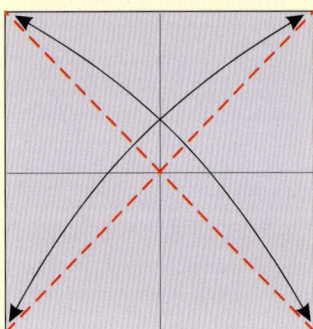

2. Linien falten, wieder öffnen. Rückseite nach oben legen.

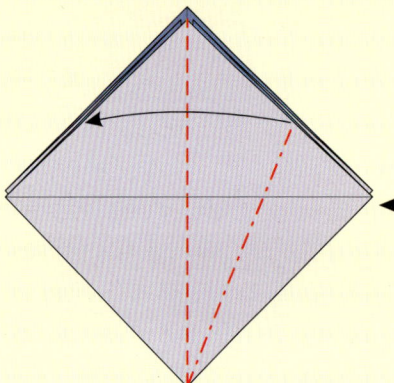

6. Die Linie Nr. 5 öffnen und nach links legen, siehe auch Nr.7.

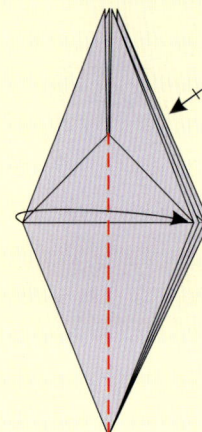

10. Obere Papierlage nach rechts falten, liegen lassen.

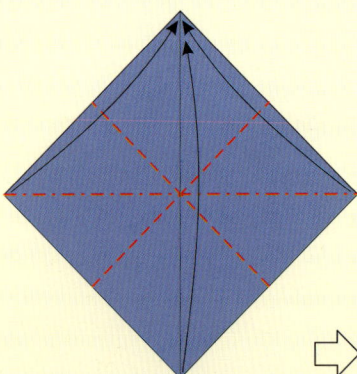

3. Von rechts und links, die Ecken nach oben legen.

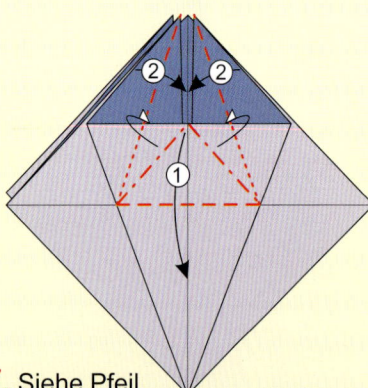

7. Siehe Pfeil Nr.1, nach unten legen, dann Pfeil Nr.2 seitlich zur Mitte falten.

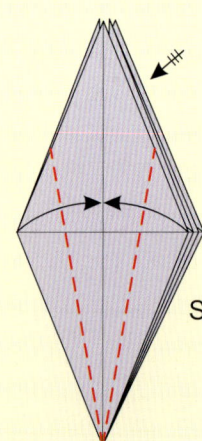

11. Von beiden Seiten zur Mitte falten, liegen lassen. An den drei anderen Seiten wiederholen.

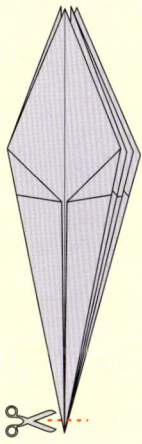

12. Spitze abschneiden.

16. Lichter einlegen und festkleben.

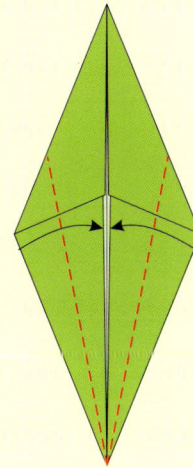

4. Linien falten, liegen lassen.

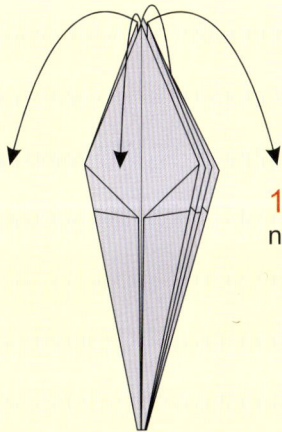

13. Spitzen nach außen biegen.

Blätter

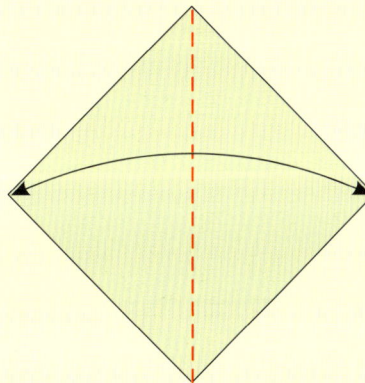

1. Linie falten, wieder öffnen.

5. Linien falten, liegen lassen.

14. Über ein Falzbein rollen.

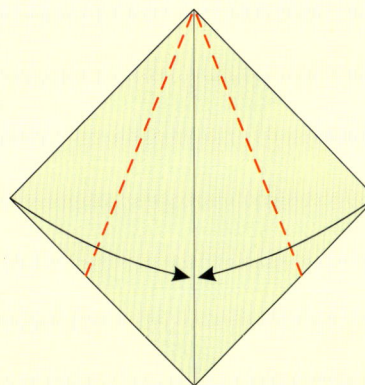

2. Linien falten, liegen lassen.

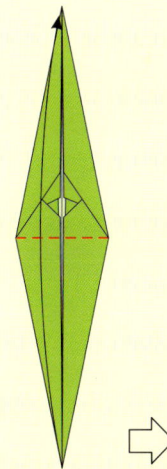

6. Linie nach oben falten, liegen lassen.

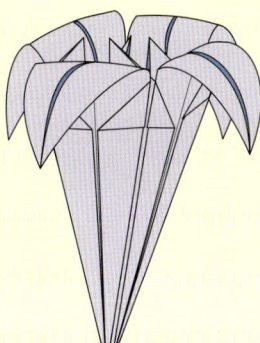

15. Fertige Blüte.

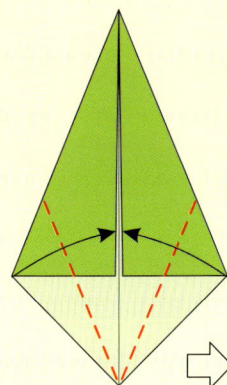

3. Linien falten, liegen lassen.

7. Linie nach rechts falten, liegen lassen.

Lilien

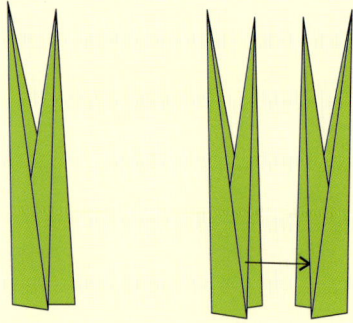

8. Ein Einzelteil. Zwei Teile ineinander schieben.

9. Fertige Blätter.

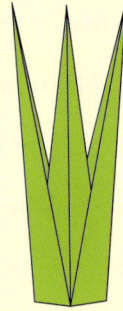

10. Fertige Blume.

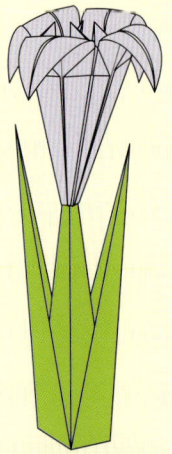

Flammsichere Lampenpapiere
Größe 30x30 cm

Transparentpapiere
in den Größen 15x15,
20x20 und 30x30 cm

Die hier abgebildeten Papierprodukte wurden speziell für Origami Lampen von der Firma nice papers hergestellt.
Fragen Sie in Ihrem Bastelgeschäft, Papeterie, etc. nach den Klebemitteln, den Metallschirmen sowie diesen Papieren.
Sollte der Händler die Produkte nicht führen, können Sie diese und passende Metallschirme auch über den Internetshop
www.paperfrog.de
beziehen.

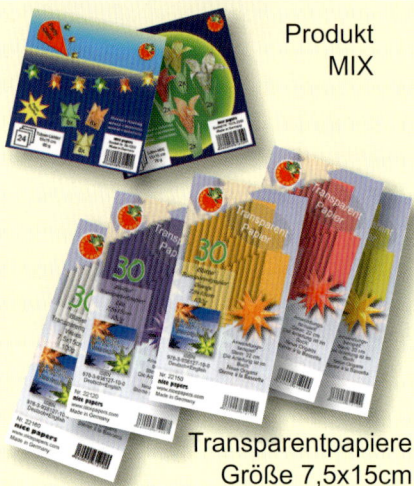

Strasspapiere
in den Größen 20x20, 30x30 cm
und im A4 Format

Produkt
MIX

Transparentpapiere
Größe 7,5x15cm

Elefantenhaut
in den Größen 20x20, 30x30 cm und
im A4 Format

Shiramine Washi Papier
in den Größen 10x10, 15x15, 20x20,
30x30 cm und im A4 Format

Strass
Streifen

Streifen
Transparent

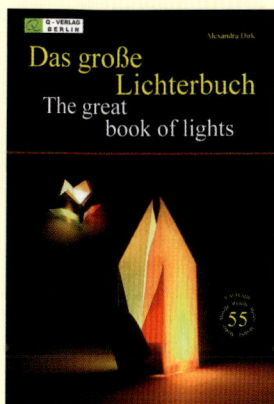

Das große Lichterbuch
The great book of lights
Lichter aus Papier in
Origami Technik.
Sprache: deutsch
            englisch

ISBN 978-3-938127-03-2
Preis: 14,90 EUR (D)

ORIGAMI Schiffe
ORIGAMI Ships
Vom Ruderboot zum
Flugzeugträger.
Sprache: deutsch
            englisch

ISBN 978-3-938127-04-9
Preis: 12,90 EUR (D)

Das große ORIGAMI
Weihnachtsbuch
Festliche Dekoration aus
Papier.
Sprache: deutsch

ISBN 978-3-938127-06-3
Preis: 19,90 EUR (D)

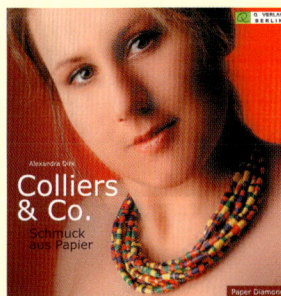

Colliers & Co.
Schmuck aus Papier.
Sprache: deutsch

ISBN 978-3-938127-05-6
Preis: 8,95 EUR (D)

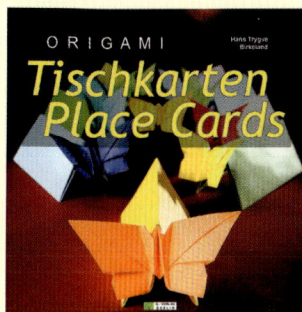

ORIGAMI Tischkarten
ORIGAMI Place Cards
... für Kinder, Geburtstag,
Hochzeit, Jubiläum,
Weihnachten und mehr!
Sprache: deutsch
            englisch

ISBN 978-3-938127-08-7
Preis: 17,95 EUR (D)

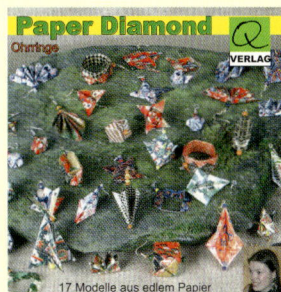

Paper Diamond
Ohrringe aus Papier in
Origami Technik.
Sprache: deutsch

ISBN 978-3-938127-02-5
Preis: 7,95 EUR (D)

Bascettas
Origami Stern
Stern aus 30 Modulen
mit 20 Spitzen
Sprache: deutsch

ISBN 978-3-938127-07-0
Preis: 9,90 EUR (D)

Neue Origami Sterne
New Origami Stars
Variationen des beliebten
Bascetta Stern
Sprache: deutsch
            englisch

ISBN 978-3-938127-10-0
Preis: 12,90 EUR (D)

Impressum

Die Deutsche Bibliothek verzeichnet diese Publikation in der Deutschen Nationalbibliografie; detaillierte bibliografische Daten sind im Internet über http://dnb.ddb.de abrufbar.
Origami Lampenschirme
Berlin: Q-Verlag Berlin,
8/2009 - 1. Auflage 8/2009

ISBN 978-3-938127-11-7

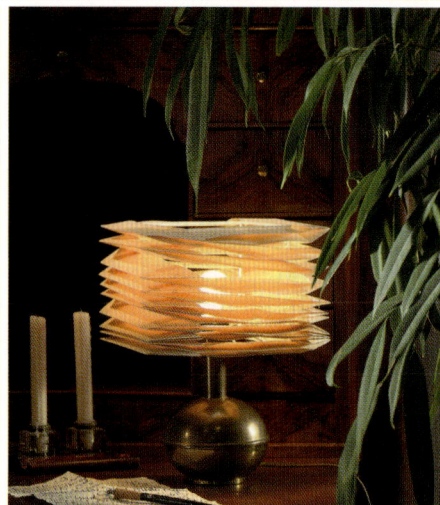

© by Q-Verlag Berlin, Berlin 2009
ISBN 978-3-938127-11-7
Alle Rechte vorbehalten, Nachdruck, auch auszugsweise, verboten.
Gesamtherstellung: Q-Verlag Berlin
Fotos: www.ftb.de
Umschlaggestaltung: Yves Roger Weber

Der Verlag bedankt sich auf diesem Wege bei der Firma nice papers für die Bereitstellung der Origamipapiere, um diese schönen Lampen zu falten.